Lens

即使是一道最微弱的光，我们也要把它洒向需要温暖的生活……

生命剧场

扬·索德克的世界

顾 铮 著

中国民族摄影艺术出版社

目 录

序 | 扬·索德克在中国

利博尔·塞奇卡（Libor Sečka）

有关扬·索德克生平及作品选集的最新系列出版物于中国问世，这使人不禁发问：是什么把这位捷克的摄影大师和中国联系在了一起？乍一看，他们根本不在一个维度。中国千年之久的文化传统源远流长，尽管蜿蜒曲折，但终归都聚集于波澜不惊的主流河水中，平衡地延续着。无论是有意抑或无心，追求与自然的和谐，并将自然作为决定性的审美标准，已然成为华夏艺术不断趋向的基本原则。其理想便是追求一种平衡性与持续性。而扬·索德克，仿佛是一股自然之力，一阵爆发的激情。他的作品蔑视习俗，剥净物体和情感的外皮，赤裸裸地显露出其本真的一面；离经叛道，背离传统，摆脱了平庸的束缚，常常沉默地孤立着。扬·索德克是捷克摄影界的堂吉诃德，他大胆无畏地迎接挑战，随时准备着为美和真而奋斗。如此英雄，会在当今诸多方面正向商品化社会转化的、蓬勃发展的现代中国激起回响吗？我认为，扬·索德克已经通过种种接触给中国人留下了深刻的印象，吸引着他们不断对其进行探索。中国的文化界已经接受了他，懂他的深度，并从典型的中国式艺术欣赏角度来感悟他的作品，看到了他的纯粹性、真实性和原创性——这些正是当今这个快节奏而程式化的社会所急需的。扬·索德克描绘世界本真的一面，毫不伪装，并不避讳冲突与尖锐。同时，他的艺术表现满浸着浪漫主义色彩——犹如一举希望与自由的火炬。我们不仅为其摄影作品的主题和色彩所震撼，更能感受到那些作品中涌动着的诗意，传出来的音乐感，甚至飘忽着的似有似无的气息。当我如饥似渴地读着中国经典小说《红楼梦》的时候，也产生过同样的感受。如同这个故事里的主人公们一样，扬·索德克也常倾向于运用夸张的手法，温和地嘲讽，并顺其自然地处理各种事物。

同时，扬·索德克的摄影作品也充满了神秘感。它们吸引着观众前去探寻其背后的故事。它们仿佛是整个布拉格历史的缩影——这个欧洲的十字路口——是受众多宗教、国家、哲学所影响的冲突点与聚集处。即使是他的那些赤裸裸的作品也镀着这层神秘感。它们不具攻击性，而是直接与心灵进行交流，使人迷失在一种怀旧的情感之中。索德克的那些情色摄影作品，毫无挑逗之意，而是在讲述一个个故事。他不仅表达着对外部世界的看法，也描述着对内心世界的感知。搭乘着他的作品，我们踏上了探索发现的征程，进入了全新感悟的世界，包括对自身的认识。由此可见，扬·索德克是可以为中国观众所理解的，是与他们投缘相通的。相互理解的道路无比开阔。

2014 年 7 月 25 日，北京

利博尔·塞奇卡（Libor Sečka），捷克共和国驻中国大使。

鸣 谢

首先要深切感谢捷克摄影家扬·索德克(Jan Saudek)先生及夫人宝拉(Pavla)女士，在 2014 年夏天为我在布拉格逗留期间所提供的生活上的方便。在布拉格期间对索德克先生所进行的四次采访，使我受益非常。这些采访同时也奠定了本书的基础。

感谢捷克共和国驻中国大使馆馆长利博尔·塞奇卡（ Libor Sečka ）大使先生对于我写作此书的推动，并且于百忙中赐序。难忘去年 8 月在靠近捷克与奥地利边境的大使家乡的欢聚。天高云淡之下的欢声笑语，此今历历在目。

感谢捷克驻中国大使馆文化参赞马金（ Martin Hošek ）先生。精通东亚文化历史的他，从我写作的最初就给予了我很大的鼓励，并且在写作过程中也一直给予令人感动的实际帮助。

感谢艺术史家米罗斯拉夫·安布洛兹（ Miroslav Ambroz ）先生。犹记他带领我参观德国建筑大师密斯·凡·德罗在他家乡布尔诺建设的、现已被联合国教科文组织指定为世界文化遗产的“图根哈特之家”时的情景。他提供给我的有关捷克摄影的各种资料，也于我的写作有很大帮助。

在布尔诺，摄影家纪夫乐（ Vladimír Židlický ）先生驱车带领我奔赴大使的乡居。在此之前，访问他在布尔诺的摄影工作室是如此的愉快，至今令人难忘。

感谢汉学家李素（ Zuzana Li ）女士在捷克期间所给予的无微不至的照顾。没有她一丝不苟、切实而准确的翻译，我们无法这么深入了解索德克先生的生活、创作与思想。而在本书的整个写作过程中，我还一直得到她的宝贵意见。真心希望还有机会在布拉格的咖啡馆就捷克的历史文化艺术向她请教。

感谢汉学家、翻译家爱理（Denis Molcanov）先生在帝国咖啡馆与李素女士一起给予的款待。

感谢索黑先生（Mr. Suchý）的帮助。每一次下楼准备去索德克先生家采访时，索黑先生总是已经早早地在楼下等候。

感谢捷克共和国驻中国大使馆秘书高欣女士，为我访问捷克的日程安排所付出的心力。

不会忘记，王群带我在夜晚的布拉格参观捷克爱国青年刺杀纳粹头目海德里希的现场，以及“舞蹈之屋”（Dancing House）在夜晚的丽姿。

也要感谢诗人、摄影家王寅先生介绍我与王群先生相识。

Lens 的主编法满先生，对于在中国展览索德克作品的热情支持，以及对于我撰写本书的关注，是此书得以出版的重要原因。在此深表谢忱！

深切感谢 Lens 的项目总监王雪女士，她的精心编辑令本书增色不少。

感谢艺术家渠岩给我寄来了他的著书《精神在别处——布拉格艺术之旅》，为我了解捷克的艺术文化提供了他的独特视角。此书中，他对于我所喜欢的卡莱尔·泰格的作品的介绍，相信是中文世界里最早，而且是最详实与深入的介绍。

在这里，也要感谢接受采访我的中国摄影家们。恕不在此一一列举他们的名字。读者如果有缘翻阅此书，相信必定会与他们的叙述相遇。

2015 年 3 月 15 日

顾　铮

序 章

与限制不期而遇

从 20 世纪到 21 世纪的捷克人体摄影

捷克的摄影如此的灿烂，产生了这么多优秀的摄影家，与其国家体量本身有着一种令人不可思议的悬殊感。诚为世界摄影史上令人叹为观止的文化景象。

本书以至今仍然活跃的捷克摄影家扬·索德克（Jan Saudek）为主人公，尝试通过对于他的工作的深入细腻的描述与分析，在较为全面地了解索德克的工作与贡献的同时，也深切地理解捷克摄影与捷克文化的深度与厚度。

以捷克人体摄影实践为线索，也许可以帮助我们更简便地了解捷克摄影的发展历程。这么做的主要目的，也是为了有助于了解本书主人公索德克的艺术经历、成就以及他的摄影艺术的独特性。而要理解捷克人体摄影的发展，是在怎样的一个社会历史文化背景下展开的，也同时需要我对于捷克现代史有一个精当的梳理才好。遗憾的是，由于本人不是捷克现代史专家，如何把握好并且书写好这个与捷克人体摄影史相关的背景，也成为了一个严峻的挑战。

以人体摄影为线索来介绍捷克摄影的发展，虽然这么做缩小了书写范围，但仍然充满了危险。迎面而来的困难首先是语言的问题。以捷克文书写的捷克摄影与摄影史资料，无论是个案的还是通史的，可以说是汗牛充栋，而且也很深入、很专业。但是语言的障碍使得我不能充分运用这些资料。这是写作本书的最大困难，也是深深的遗憾。因此，这场写作所需要的相关材料，只能局限于汉语、英语与日语这几种我尚且能够运用的语言。也因此，我始终警惕地意识到，从二手资料入手的有关捷克摄影，尤其是人体摄影的发展的概观性书写，将会存在明显的局限甚至隐含不少错误。但是，我也相信自己的严谨性与警惕性会在一定程度上帮助我克服一些困难，并且尽量减少基本的错误。如果读者发现其中的错误，请不吝赐教与指正。

此外，由于历史的原因，我的书写还面临着另外一个困难。那就是如何使用“捷克”与“捷克斯洛伐克”这两个名词。“捷克斯洛伐克”这个名词包括了从 1918 年到 1992 年间的政治现实。我也希望在使用“捷克斯洛伐克”的时候，指的是在这个期间发生了具体摄影实践的当时的地理空间。而“捷克”，则指的是与诞生于 1992 年的捷克共和国在地理与国家身份上相符合的概念。包括索德克在内的捷克摄影家，虽然曾经生活工作在“捷克斯洛伐克”，但在今天，他们是捷克人，因此，他们的工作属于“捷克”这个范畴。

一 早期捷克人体摄影

作为欧洲的一部分，处于欧陆心脏部位的捷克享受着及时了解欧洲最新文化科技成果的便利。19 世纪前半期发明于法国与英国的摄影术，当然也在其被发明之后就及时地进入到了捷克境内，并且逐渐深入到捷克的社会、文化及日常生活的各个方面。

兴起于 19 世纪末期、风靡全球的“新艺术”运动的代表性画家阿尔方斯·穆哈 (Alphonse Mucha，1860—1939)，在 1887 年自捷克斯洛伐克来到法国后，即对摄影发生了浓厚兴趣。他在 1900 年购入了大底片相机后，更是展开了丰富多彩的摄影实践。穆哈不仅拍摄风景、肖像，也为他的绘画模特儿拍摄了不少人体照片，作为他绘画的参考资料。穆哈的人体摄影风格与他的平面设计和绘画作品的华丽繁复的风格迥然不同，具有某种视觉文献性，自然且不事雕琢。

弗朗蒂赛克·德蒂克尔的摄影作品
František Drtikol，1883—1961

1918 年，捷克斯洛伐克共和国在第一次世界大战结束后诞生。一个民主的捷克斯洛伐克共和国，对于其国境内的文化艺术创造所带来的激励是巨大的。一个艺术创造上的活力纷呈的局面在捷克斯洛伐克出现了。

“两次世界大战期间的捷克斯洛伐克摄影，呈现了鲜明、复杂而集中的状态。这并不奇怪。它恰好形成于欧洲的心脏地带，形成于当时社会与文化潮流的交汇点，因此，它结合了功能主义（functionalism）、构成主义（constructivism），超现实主义（surrealism）以及社会介入的趋势，结出了具有独特的趣味与品质的本土果实。这个果实展现了典型的捷克意义上的抒情、滑稽、幻想以及荒谬面向，这个世界产生过的不朽人物有哈谢克的好兵帅克，以及弗兰茨·卡夫卡笔下的各种英雄人物。”[1]

---

1 Daniela Mrázková, ed., *What is Photography: 150 Years of Photography*, Praha 1989, CREDIT PRAHA, Ltd., 1989, P120.

与人体是绘画的重要题材一样，一旦摄影被视为一种具有造型能力的视觉手段，如何以这一手段来创造人体之美也成为了摄影家们的重要主题之一。

让捷克摄影获得国际声誉的，当属捷克摄影家弗朗蒂赛克·德蒂克尔（František Drtikol，1883—1961）。他可称是出现于“两战间”（从“一战”结束到“二战”开始）这个特殊历史时期里的最为重要的捷克摄影家之一。德蒂克尔是以人体为主要创作题材的摄影家。他在德国接受摄影教育，并在德国、瑞士、捷克斯洛伐克等地做了多年的摄影助手工作。在经过了相当长一段时间的奔波后，1910 年，德蒂克尔终于在布拉格拥有了自己的影室。他在以拍摄带有画意风格的名人肖像照谋生的同时，拍摄了大量人体摄影作品。

德蒂克尔也是连接捷克画意摄影与现代主义摄影之间的桥梁。他的人体作品在构成上具有很强的装饰性。他喜将人体置于由木板分割出来的空间中，通过富于戏剧性的用光，把优美的人体曲线与错综的几何光影交叠，谱出一部生命韵律的影像交响诗。同时，他的这些引人联想到“装饰艺术”（Art Deco）风格的人体摄影作品，还以其扑朔迷离、深奥晦涩的光影分布透露些许大时代下的个人不安。1925 年，德蒂克尔以自己的摄影作品，获得了被称为确立了“25 年样式”的 1925 年巴黎装饰艺术博览会的大奖。

如果说捷克艺术家穆哈是“新艺术运动”的代表的话，那么德蒂克尔的摄影当之无愧地为捷克夺得了继“新艺术运动”之后的“装饰艺术运动”的国家荣誉。

虽然德蒂克尔的摄影风格有着明显的“装饰艺术”风格，但他在辗转欧洲各地时所受的包括立体主义、包豪斯风格等在内的各种现代主义艺术思潮的影响也不容忽视。捷克摄影史家、策展人安娜·法若娃（Anna Fárová，1928—2010）如此评论德蒂克尔的工作：在他展开创作的“这个时期的所有艺术趋势都成为了德蒂克尔工厂的原料：新艺术（Art Nouveau）、立体主义（Cubism）、功能主义（Functionalism）、构成主义（Constructivism）以及装饰艺术（Art Deco），它们都作为背景服务于开发形态，与发现高度个人化的原创以及自主的审美观。”[2] 出人意料的是，在声誉正处于顶峰之时，德蒂克尔突然在 1935 年

2 Annette&Rudolf Kicken, *Drtikol: Photographs*, Kicken Berlin, 2012, P92.

关闭了自己的影室，将全部作品捐给了布拉格的美术馆。退出摄影界的德蒂克尔转而潜心于绘画与东方哲学，直至他生命的尽头。

二 “两战间”的捷克人体摄影

艺术史上的“两战间”时期，欧洲前卫艺术活跃异常。人们从“一战”的血腥中惊醒过来，惊骇于人类的非理性，赫然发觉人性有着如此残暴的暗部（dark side），于是开始反思战争与人性，并且也以物质生活上的及时行乐甚至是堕落的享乐方式，来补偿战争带来的精神迷失。这个特殊状况，成为了当时艺术繁荣的重要原因之一，其中尤以青年艺术家们以艺术为重要反思手段的实践引人瞩目。这些反思包括了对于艺术本身的追问，同时也引发了艺术表现的深刻变化。

从“一战”中获得建国独立红利的捷克斯洛伐克，其前卫艺术与欧洲前卫艺术同声相应，同气相求。其中，尤以后来成为捷克共和国的主要部分的波西米亚与摩拉维亚地区的艺术家对于前卫艺术的响应更为积极主动，因此成就了自己的一番独特面目。

按照捷克摄影史家、摄影家、策展人弗拉基米尔·比尔革斯所说，这段时间里，捷克前卫摄影主要受到近边三个国家的重要影响，那就是德国、法国与苏联。[3]

比如，他认为，后来移师布拉格，与希特勒继续展开搏斗的德国反法西斯艺术家约翰·哈特费尔德（John Heartfield，1891—1968）的作品，明显影响到了卡莱尔·泰格（Karel Teige，1900—1951）的超现实主义拼贴创作。[4]德国的前卫艺术对于捷克前卫摄影的影响是全面的。在地理上，两国边境接壤，人们拥有交往的便利性。同时，当时捷克境内有大量的讲德语的捷克居民。因此，捷克与德国在前卫艺术上的接触与交流之深度与广度，自非其他国家可比。

而当时的“世界上第一个社会主义国家”苏联，则以其乌托邦色彩的意识

---

3 Vladimír Birgus, *Czech Photographic Avant-garde:1918—1948*, The MIT Press, Cambridge, Massachusetts, London, England, 2002, P13—29.

4 Vladimír Birgus, *Czech Photographic Avant-garde:1918—1948*, The MIT Press, Cambridge, Massachusetts, London, England, 2002, P20.

卡莱尔·泰格的摄影作品
Karel Teige，1900—1951

形态，一度吸引了许多捷克的左翼知识分子与艺术家。其前卫艺术当然受到捷克艺术家们的关注。而在摄影方面，尤其是注重社会关怀的纪实摄影，经由鲁波米尔·林哈特（Lubomír Linhart）等人的提倡，在当时的捷克斯洛伐克也产生了较大的影响。

但是，从实验摄影的角度看，相对于苏联构成主义所体现出来的冷静与理性，法国的超现实主义所主张的非理性似乎更令当时的捷克艺术家感到亲切。法国虽然与捷克斯洛伐克没有共同边界，但其文学艺术的浪漫抒情、激进热情的艺术追求与风格，始终吸引着捷克文化人的关注。法国前卫艺术的艺术取向与追求似乎也最对捷克人的胃口，并且在捷克获得较大反响。虽然在文化上属于斯拉夫文化，但许多捷克艺术家在精神文化方面对于西欧文化，尤其是法国文化一直保持密切的关注，积极地吸收之，并及时地作出自己的敏锐反应。尤其是法国的超现实主义艺术，在捷克前卫艺术中获得了最大的支持与响应。比如，身在巴黎的美国超现实主义分子曼·雷（Man Ray，1890—1976）所发明的中途曝光效应技法，就在约瑟夫·埃赫姆（Josef EHM，1909—1989）的作品中获得了及时的回响。

雅罗斯拉夫·罗斯勒（Jaroslav Rossler，1902—1990）被认为是捷克现代主义摄影的重要推手之一。他曾经做过德蒂克尔的助手，后来独立并且发展出自己对摄影的独特看法，进而在自己的创作中加以具体实现。他来往于巴黎与布拉格两地，其摄影及时呼应国际潮流，同时也注入自己的独特理解。他的作品努力突出摄影自身的魅力与力量，以此实现把摄影提升为一种造型手段的目标。

雅罗米尔·冯克（Jaromír Funke，1896—1945）是捷克前卫摄影的中心人物之一。冯克曾经受到德国包豪斯流派以及曼雷等人的影响，在推广欧洲前卫摄影观念的进程中起到了重要的作用，同时也通过自己的创作与教学实践，开拓出了捷克前卫摄影的新局面。在布拉格国立图像学院任教期间，因为不遗余力地展开前卫实验而被称为“前卫教授”。经过长期的探索，冯克的摄影形成了自己的独特面目。他也有少量人体摄影作品存世，这些作品构图大胆，视角独特，因镜头直逼对象而致画面具有强烈的视觉冲击力。

与冯克坚定地站在一起推进捷克前卫摄影的，还有与他同时期的摄影家约瑟夫·休德克（Josef Sudek，1896—1976）。1924 年，休德克与冯克等人因为艺术观念与画意摄影相左而遭他们所在的摄影俱乐部开除。休德克与冯克等人因而组成了前卫的捷克摄影协会。1932 年，休德克在布拉格举行了自己第一个个展。1936 年，他参加了在布拉格举行的国际摄影展，他的作品与当时欧洲的前卫摄影家拉兹罗·莫霍利－纳吉（Laszlo Moholy-Nagy，1895—1946）、哈特费尔德、曼·雷、亚历山大·罗德钦科（Alexander Rodechenko，1891—1956）等人的作品并列一堂。他的摄影拥有一种现代主义的性格，造型坚实而又简洁有力，而精湛的光线运用则更强化了这种现代感。

卡莱尔·路德维克（Karel Ludwig，1919—1977）在 20 世纪 40 年代主要通过与杂志的大量合作来展开自己的艺术探索。他的人体摄影善于以戏剧性的布光以及构图上的大胆裁剪，来造成一种强烈的心理效应。但在 20 世纪 50 年代，他的底片大量损毁，因此他的作品存世不多，影响到对于他的工作的评价。

三 超现实主义与捷克人体摄影

在德蒂克尔等人致力于现代主义人体摄影的同时，捷克摄影也开始受到主要在法国发展起来的超现实主义等各种艺术思潮的影响。在捷克现代主义摄影浪潮中，卡莱尔·泰格、英德希赫·什蒂尔斯基（Jindřich Štyrský，1899—1942）与依德希赫·黑斯勒（Jidřich Heisler，1914—1953）是三位重要的先锋摄影家。他们都接受来自法国的超现实主义艺术思想，以更为激进的观念与手法，尤其是摄影蒙太奇的手法，展开对于生命无意识的视觉探讨。

在超现实主义运动史上，捷克可能是其创始人安德烈·布勒东最为重视的国家。1935 年 3 月 29 日和 4 月 1 日，他应卡莱尔·泰格与维特斯拉夫·奈兹瓦尔（Vítězslav Nezval）之邀，在布拉格分别发表了名为《客体的超现实主义》和《当今艺术的政治立场》的重要讲演。这两篇讲演后来成为了布勒东的重要理论文献《超现实主义的政治立场》的主要内容。布勒东高度肯定了捷克超现实主义运动，认为“超现实主义运动应当为当前在布拉格所取得的成果而感到自豪，这些成果和超现实主义在巴黎所取得的成果一样丰富多彩。”[5] 当 1939 年捷克成为纳粹德国的“保护国”后，超现实主义运动受到了压制。由于出版困难，捷克超现实主义分子们采取地下出版（samizdat）的方式来对抗纳粹的文化管制。更重要的是，他们创制的地下出版这个自主出版的方式，后来被不甘受宰割的作家们，以各种方式延续到了 1948 年到 1989 年间的捷克斯洛伐克的文学创作与出版活动中来。

泰格是成立于 1920 年的捷克先锋文学团体“旋覆花社”的重要成员之一，彼时曾发起“纯诗主义”运动。十年后的 1934 年，他又与其他成员一起组成了一个“超现实主义”小组，以更为激进的方式在文学与视觉艺术方面展开探索。他不仅是捷克当时的重要文艺批评家与理论家，也是一个勇于展开艺术实验的先锋艺术家。正如布勒东所指出的，泰格“一直以最生动的手法去解释超现实主义运动”[6]。而摄影蒙太奇，则是他“解释超现实主义运动”的最为精彩的方面。他在视觉艺术方面的实践至少跨越了摄影与平面设计这两个领域。而在摄影这个领域，他主要是以摄影蒙太奇的手法展开了五光十色的创作。

作为一个前卫艺术理论家，泰格对于摄影蒙太奇有深刻的见解。在实验性摄影创作中，他有着自己的理论自觉。他说：“图片蒙太奇，是二维空间的多种视觉同时合成后，形成的效果。”又说：“如果原始的图画或照片是完整的、同一性的作品，那么蒙太奇则是一种新的方法，是将不同内容的部分组合在一起，将相互对立的元素通过图形的合成来表现，用黑白照片填充有色彩的区域，或者对内容和形式进行相互矛盾的组合，达到一种对比的平衡，达到出乎意料的组合以及本质上的均衡。我们可以说它的体系是辩证的，将形式上相反的东西组合在一起，使画面的视觉表现力、情感上的冲击力上升到一个更高的境界。”[7] 不难发现，作为一位杰出的诗人，泰格对摄影蒙太奇的理解非常深入，而且在他的具体创作实践中也运用得炉火纯青。

5　安德烈·布勒东著：《超现实主义宣言》，袁俊生译，重庆大学出版社，2010年，第261页。

6　安德烈·布勒东著：《超现实主义宣言》，袁俊生译，重庆大学出版社，2010年，第260页。

7　渠岩：《精神在别处：布拉格艺术之旅》，生活·读书·新知三联书店，2005年，第207—208页。

泰格大胆挪用包括欧美摄影家在内的许多艺术家的作品中的素材，将这些材料重新组织成具有怪异外观的身体形象，一再刷新人们有关人体的固定印象。或许由于不是专业画家的缘故，他采取了以现成图像加以剪贴的手法来制作他的摄影蒙太奇作品。在这些画面中，身体被肢解，肢体与现实中的其他物件再次重逢并重组，形成了崭新的视觉形象，激发起潜藏于观者潜意识中的各种幻想。这些幻想，往往颇具色情色彩，因此他的作品可以说是忠实实践了超现实主义白日梦的想象。泰格大胆的艺术实验，在文学、平面设计、摄影等多方面产生了重要影响。其摄影蒙太奇作品的质量，毫不逊色于他的同时代人，如苏联的罗德钦科、德国的汉娜·霍赫（Hannah Hoch，1889—1978）等人的作品。

同样，作为一个认同了超现实主义创作原理的艺术家，什蒂尔斯基是以更具强烈情色倾向的画面，来视觉化人类潜意识中的性幻想。他被认为是超现实主义流派中唯一一个以视觉艺术作品来探讨"梦"这个超现实主义关键词的艺术家与诗人，无论是在法国的还是法国以外的超现实主义分子中。他的"白日梦"画面，冲破既有成规对于想象力的禁锢，也大胆挑战视觉表现与观看伦理的双重禁忌。他曾经说过："童年是我的祖国。梦是我的祖国，在那里黑雪从云端纷纷飘落。"[8] 正如艺术史家弗朗蒂赛克·斯梅叶卡尔（František Šmejkal）所指出的："对什蒂尔斯基来说，梦是进入他所失去的童年天堂，有时甚至也是进入胎内生命安全的入口。"[9]无论是他的摄影蒙太奇作品，还是以超现实主义法则拍摄的人文景物照片，都拥有一种把诗意与情欲相混合而散发出特殊气息的视觉品质。他的许多作品几乎可说是超现实主义有关人类无意识与情欲的最直观的图解。

黑斯勒是个活跃的超现实主义者。他与什蒂尔斯基、托燕（Toyen，1902—1980）等人合作，创作了许多反映超现实主义艺术观念的作品。他也积极采用摄影蒙太奇的形式来表达他对于现实与人类潜意识的看法。他的这些作品满载阴郁的诗意，透露对于现实与未来的不安，同时也泄露作为诗人与艺术家的黑

---

8 Czech Modernism:1900—1945,The Museum of Fine Arts,Houston,Houston,1989,P73.

9 同上。

斯勒对于世界的敏锐的内心感受。

泰格、什蒂尔斯基与黑斯勒这三位极具想象力的捷克超现实主义艺术家，都以摄影蒙太奇的手法探讨有关人的意识与潜意识的关系。摄影蒙太奇是一种将时间与空间的关系加以重新组织的实验，其素材大量取材于媒介图像，因此给出的创作自由度是空前的，其作品所产生的想象力刺激也是全新的。他们具实验性的工作，为捷克摄影带来了全新的刺激。他们充满想象力的作品，也使得捷克摄影在国际上获得了独树一帜的地位。

与此同时，还有一些捷克摄影家，如米洛斯拉夫·哈克（Miroslav Hák）、英德希赫·哈特拉克（Jindřich Hatlák）、奥塔卡·莱恩哈特（Otakar Lenhart）、瓦茨拉夫·齐格蒙德（Václav Zykmund）等人也创造了想象力奇特的人体摄影作品。

上述捷克艺术家与摄影家，以摄影为手段展开的艺术实践，为形成后来被称之为“捷克前卫”的重要艺术现象作出了巨大贡献。这个重要现象，既来自主要是欧洲前卫艺术，尤其是欧洲前卫摄影的影响，也产自于捷克自身的传统与文化，因此具有了一种兼具同时代欧洲前卫艺术的共性以及捷克自身特殊性的别样面目。非常明显的是，在“捷克前卫”当中，以摄影为主要手段的艺术实践获得了辉煌的成果，相当大程度上形塑了“捷克前卫”的形象。因此，在欧洲现代艺术史上，这一部分具有强烈实验意义的摄影艺术实践，被称为“捷克摄影前卫”（Czech Photographic Avant-garde），其时期则被确定为1918年到1948年之间。

四 从战后到“天鹅绒革命”时期的捷克人体摄影

从捷克斯洛伐克挣脱纳粹控制的1945年到捷共取得政权的1948年间，从战争阴影中走出的捷克艺术家们享受了短暂的创作自由。但是，这短暂的三年时间的欢乐与自由，很快被严峻的高压所驱逐。1948年，捷克斯洛伐克成为苏联阵营的一员，国家体制的变化也影响到意识形态。正如弗拉基米尔·比尔革斯所说：“在两次世界大战之间，在1945年到1948年的部分时间里，捷克摄

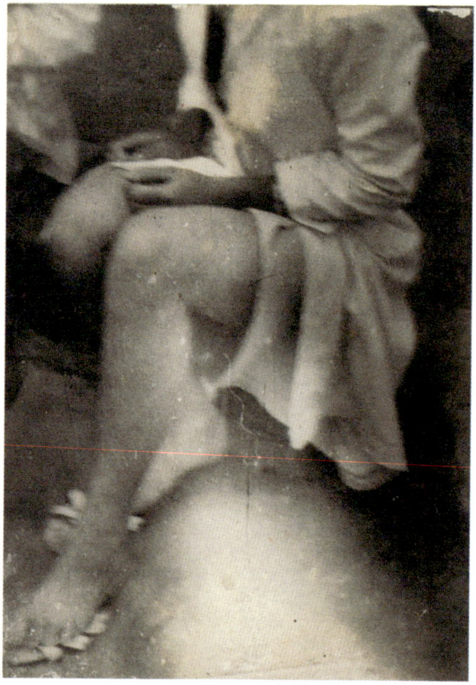

米洛斯拉夫·提希的摄影作品
Miroslav Tichý，1926—2011

影前卫对于国际接触采取非常开放的态度，不仅吸收艺术影响，也扩展它自己的影响。遗憾的是，随着 1948 年 2 月捷共新政权的成立，所有这些接触实际上都结束了。”[10] 1948 年，早先创刊的《摄影》与《摄影文摘》杂志迫于形势而相继关闭。1950 年，《捷克斯洛伐克摄影》也无奈停刊。同年，受到捷共支持的《新摄影》创刊。在《新摄影》创刊号中，就有文章批判埃赫姆的摄影是“堕落的资产阶级摄影”。捷克摄影的寒冬来临了。

1948 年 2 月之后，由捷共领导的捷克斯洛伐克的艺术生产，逐渐走向了以苏联的“社会主义现实主义”艺术方针为创作导向的模式中去，摄影也没有可能例外。艺术家面临的选择变得非常狭窄，要么歌功颂德，要么纯粹玩弄形式语言以求安全，个体对于现实的真切感受无法自由表现。不过，即使身处高压之下，仍然有一些艺术家坚持个人的艺术追求，这种追求当中包括了对于人体摄影艺术这一表现样式的坚持。而米洛斯拉夫·提希（Miroslav Tichý，1926—2011）是其中的最为特立独行者。

提希本是一个画家，他的摄影创作开始于 20 世纪 50 年代，一直持续到 20 世纪 80 年代。这是捷克历史上一段压抑与沉闷的特殊时期。任何直接诉诸人的本能与直觉的艺术表现，往往被视为对官方意识形态的某种性质的挑战。但是，即使面临沉重的高压，提希绝不放弃自己的艺术追求。作为一个画家，他在自己处于艺术盛年的时候，毅然将主要精力放在了摄影上，而且是以自制的简陋照相机来拍摄他于日常生活中发现的女性与女性躯体。艺术家的这一个人艺术追求上的重心转移，殊为不易。他的身体影像，因了摄影器材的简陋而显得粗糙却富于生命力，虽不如正统人体摄影那般精确，却具有更引人注目的特殊魅力。其重要性在于，以一种达达式的反摄影态度强化了他的浪漫主义与人文主义精神。而在这种浪漫精神的背后，其实体现了一种以对美的决绝否定来达到否定极权对于个人的重重压迫的顽强意志。

弗拉迪米尔·齐德里茨基（Vladimír Židlický），中文名纪夫乐，是当今捷克在国际上广受关注的以摄影为手段展开创作的艺术家。他的大量人体作品，

---

10 Vladimír Birgus, *Czech Photographic Avant-garde: 1918—1948*, The MIT Press, Cambridge, Massachusetts, London, England, 2002, P29.

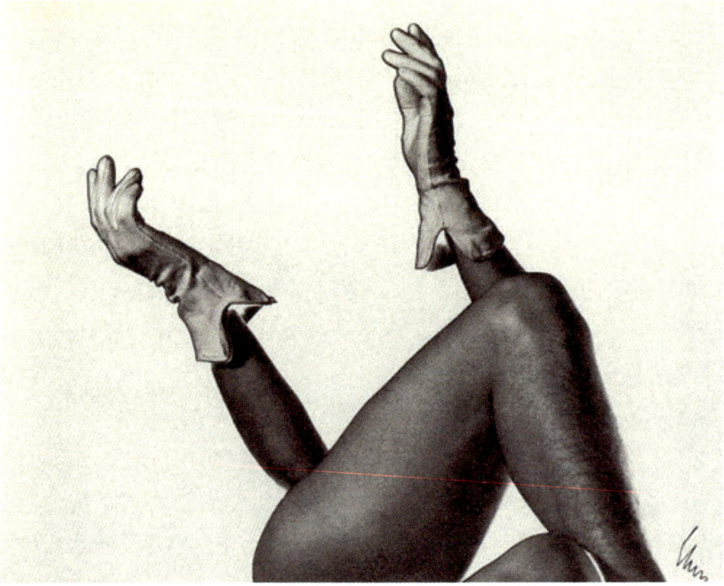

约瑟夫·埃赫姆的摄影作品
Josef EHM，1909—1989

充分体现了他以多种手法制造丰富的画面视觉效果的努力。纪夫乐以丰富多彩的人体形象，来建立艺术家与人们的心灵展开情感交流的视觉纽带。他的工作可以说是重新接续了由德蒂克尔等人所确立的捷克画意摄影的传统，成为了主要以人体形象为题材的捷克新画意摄影的重要人物。捷克艺术评论家托马斯·梅斯塔内克（Tomas Mestanek）说："纪夫乐与相机表达的限制不期而遇。尽管如此，他仍竭力施展他的影响力，甚至超越了这些限制：他既可以把器材捕捉到的真实作为后期创作的原始素材，也可以摈弃这种手法。如此一来，他发挥并且提高了摄影作为记录真实的介质所具备的性能。"[11] 在他的手中，人体并不是为了唤起某种情欲，而是成为了他展示并诉说生命的神秘性的重要手段。

捷克摄影史学家、摄影家弗拉基米尔·比尔革斯（Vladimír Birgus）为展览"当代捷克摄影中的身体"所写的前言中，对于 20 世纪捷克人体摄影发展的评述简洁而精当。这个前言虽然篇幅较长，但仍然值得在此作一介绍——

"直到 1911 年才在布拉格出现了第一个官方的捷克人体摄影展览。而在 1949 年到 1956 年这段最僵化的斯大林集权主义时期的捷克斯洛伐克，人体的出版是被全面禁止的。尽管如此，捷克的摄影家弗朗蒂赛克·德迪柯尔（František Drtikol）在 20 世纪 20 年代已经被认为是最杰出的人体摄影创作者之一。在接下来的十年里，在捷克超现实主义者英德希赫·什蒂尔斯基（Jindřich Štýrský）、卡莱尔·泰格（Karel Teige）、弗朗蒂赛克·伏倍兹基（František Vobecký）以及其他人的作品中，经常出现一些极其情色的摄影蒙太奇和拼贴作品。在 20 世纪 40 年代，人体是杰出摄影家们的最普遍的题材，这些人包括了卡莱尔·路德维格（Karel Ludwig）、瓦兹拉夫·乔乔拉（Václav Chochola）、约瑟夫·艾赫姆（Josef Ehm）、米洛斯拉夫·哈克（Miroslav Hák）等。而在 20 世纪 60 年代的短暂的政治松动期里，以艺术化的风格表现的裸体女性身体成为了那时期捷克摄影的最经常的主题之一。即使是在 1968 年苏联占领捷克斯洛伐克之后僵硬的文化管制卷土重来之时，情色表现也没有完全从捷克摄影中消失，世界著名的扬·索德克的作品在当时获得最多的记载，那么也是当然，他几乎是唯一一个在海外

11　米罗斯拉夫·安布罗斯等编：《纪夫乐——弗拉迪米尔·齐德里茨基》，环铁时代美术馆，2012 年，第9页。

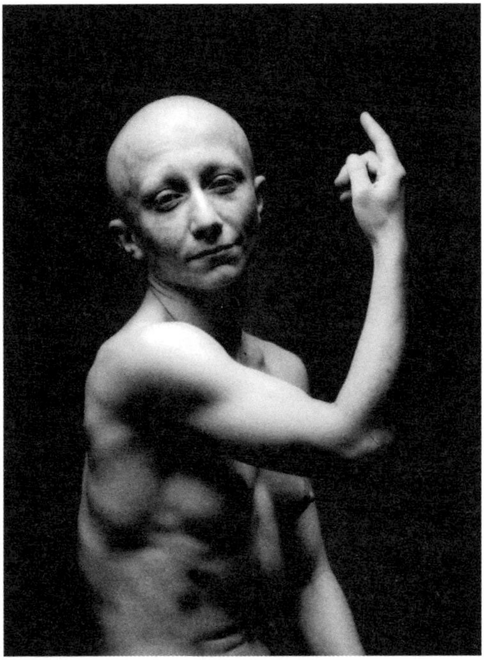

伊凡·平卡瓦的摄影作品
Ivan Pinkawa，1961—

展览与出版的摄影家。

“在 20 世纪 80 年代下半期出现的渐进的自由化，对捷克斯洛伐克摄影来说是再次带动了一波对情色主题兴趣的浪潮。这些作品主要是由当时的布拉格电影艺术学院的学生们制作。这些人包括托诺·斯塔诺（Tono Stano）、瓦西尔·斯坦库（Vasil Stanko）、鲁多·普雷库普（Rudo Prekop）、卡米尔·瓦尔嘎（Kamil Varga）以及其他人。但也有中生代的跨媒介作者创作，如弗拉迪米尔·齐德里茨基或帕维尔·雅桑斯基（Pavel Jasanský）等人。除了女性身体是一个不断出现的主题外，男性身体也是如此。在 20 世纪 90 年代，捷克人体摄影没有压倒性的潮流，但风格很是广泛。”[12]

而在当时所有捷克斯洛伐克摄影家中，索德克是集中了全部个人精力于人体摄影的摄影家，其人体摄影的创作最为持续，在国际上影响也最大。比尔革斯就索德克的人体摄影创作作出过如下评价：“虽然从 1950 年代末期开始，扬·索德克的作品就已经在不断地发展，但一波后现代主义浪潮再次证明了他的这些作品的话题性。索德克一直在推进从儿童的无垢、不设防、诚实以及他们和成人世界的脆弱的对抗，到标志性的令人不快的情色意味，涉及到男女两悦、传统男女角色的交换、爱与恨、时间的无情流逝以及不可回避的死亡等的复杂关系和各种主题。他作品中的无时间性与话题性的二元性，常常以一种将旧的习俗与典型的 20 世纪后期的产品间的冲突来体现，如创造性地使用手工着色这种老旧的技法，或将照片日期篡改整整一个世纪的方式。”[13]

在 20 世纪 80 年代崛起的中生代摄影家中，托诺·斯塔诺的人体摄影强调视觉上的出新。他每每以令人耳目一新的图像设计手法来安排人体的造型，实现一种人体图形上的视觉震撼，刷新观众的视觉经验。伊凡·平卡瓦（Ivan Pinkawa，1961— ）的人体摄影，兼揉了肖像摄影的戏剧性用光与人体摄影的形体塑造技巧，着力于深入刻画对象的心理状态，形成了独具特色的艺术风格。

1989 年“天鹅绒革命”之后，名为《当代捷克摄影中的身体》的展览在英国举办，正如展览题名所示，身体（body），而不是造型艺术观念中的人体（nude），

---

12 *The Body in Contemporary Czech Photography*, Macintosh Gallery, Glasgow School of Art, 1997.

13 *The Body in Contemporary Czech Photography*, Macintosh Gallery, Glasgow School of Art, 1997.

成为了捷克当代摄影中的重要探索内容之一。在“天鹅绒革命”之后，步入新历史时期的捷克摄影创作，因为摆脱了官方的严密控制（这个控制在 20 世纪 80 年代中后期已经开始显得有点力不从心）而获得了创作上的全面自由，因而显得非常活跃，并且再度在国际上产生了重要影响。尤其是其人体摄影，也因为社会转型所引发的各种变化（如审查制度的取消、出版自由等）而有了新的发展。

五 “天鹅绒革命”之后的捷克人体摄影

2013 年在布拉格市立美术馆的摄影之家，由弗拉基米尔·比尔革斯策划了一个名为《捷克当代摄影中的亲密性》（*The Intimate Circle in Contemporary Czech Photography*）的展览。从这个有 50 位摄影家与艺术家参与、展现了自 2000 年以来捷克摄影的新趋势的大型展览中，我们可以发现，在经历了“后共产主义转型”的捷克当代摄影中，作为艺术表现的“人体”这个概念已经有了更大的拓展。

正如比尔革斯在展览前言中所说：“情况在近年来开始有了急剧的变化。不同于前一代的创作（那些成员曾经在过分拘谨的、虚伪的体制下生活，不敢在他们的作品中揭示私生活中的点滴），当下的创作者在尝试寻找抓住不确定时间的某种东西，突破大多数禁忌。尽可能地去努力理解他们自身，以及不断扩张的曝光至少是他们私人生活中的部分内容的愿望，有助于保持一种处于不断转换中的私与公之间的想象中的边界。”[14] 在这样的诸般努力中，“身体”，与现实生活相关的、属于生活本身的身体成为了这些捷克年轻摄影家的手段，也成为了目的。这样的丰富复杂的尝试与探索，既是社会的，也是审美的，同时也是历史的。如同上述提及的两个展览所显示的，在捷克当代人体摄影表现中，相对单纯的以“人体”为形式表现的对象与主题已经被更具社会性的、更为广泛的“身体”概念所取代。从某种意义上说，正如美国艺术家巴巴拉·克鲁格在其作品中通过标题《你的身体是个战场》所点明的，政治、文化、社会意义上的身体，在后现代，确确实实已经成为了一个“战场”。

---

14 Vladimír Birgus, *The Intimate Circle in Contemporary Czech Photography*, KANT, Prague, 2013, P12.

《捷克当代摄影中的亲密性》
The Intimate Circle in Contemporary Czech Photography

人们通过对于身体的视觉再现，重新定义"身体"为何。作为政治、经济与文化诸力的交汇点的当代"身体"，在当代生活中，成为了各种力量与观念在此展开激烈角力的战斗场所。这个身体的战场，在后"天鹅绒革命"时代，已经出现了种种冲突与协商的新迹象。同样的，捷克新一代的摄影家们从对于身体的关注与凝视，来发现后共产主义时代中通过身体展现出来的人际关系的复杂样态。而此中，以身体所体现的人际关系的疏密程度，则被他们以各种方式加以深入的探讨。这既反映了当代捷克摄影的主题与内容的变迁，也同时开拓了语言与手法的探索空间。

就是在这样的漫长、曲折而又辉煌的捷克人体摄影的谱系之中，扬·索德克以其独创性以及想象力出乎其类，拔乎其萃，成为了捷克摄影，尤其是捷克人体摄影的最重要的代表。而索德克的人体摄影为何独特、如何独特，则是本书以下部分所要重点讨论的所在。

JAN
ROLLEIFLEX

第一章

索德克者何人？

一 他来自布拉格

扬·索德克（Jan Saudek）出生于布拉格，而且一直生活在布拉格。他的艺术和人生，与布拉格这个美丽城市有着既复杂又简单的关系。说复杂，是因为本身妖娆的布拉格对他产生的影响也许太多太深而无法说清；说简单，是因为他始终就是布拉格的市民，布拉格于他简直就是与生俱来的最好的赏赐。正是布拉格浓厚的文化氛围与艺术积淀，在相当大的程度上塑造了索德克的艺术感受力与他摄影艺术的风格。在此，有必要简单回顾一下布拉格的历史。

布拉格地处欧洲的心脏部位，地理上居于被称为“欧洲十字路口”的战略要冲。历史上，在她身边总有欧洲列强绕伺。在不同历史时期，捷克曾经多次遭受外国侵略与强国的武力干犯，沦为丑陋的国际政治交易的牺牲品。但她在文化上连绵不绝的辉煌，足以确保其民族在文化与精神上始终拥有一种不言而喻的自信，足以使其立于一种精神上的不败之地。

今天的捷克共和国，可上溯至历史上的捷克王国。捷克王国也称波西米亚王国。地理位置处于欧洲心脏部位的波西米亚，曾经是一个富庶与强大的王国。她的疆界向北最远抵达波罗的海。据说，成吉思汗的军队就是在这块波西米亚的“温柔乡”里，因将领纷纷娶妻生子，失去了进一步挥军西进的动力。

在9世纪末到10世纪上半叶，普热美拉斯家族成立了以布拉格为中心的捷克公国。自此，大量财富开始向布拉格集聚，文化也逐渐昌盛起来。最终，布拉格成为了一个拥有1100多年历史的文化古都。12世纪后半叶，已经归顺了神圣罗马帝国的捷克公国改称捷克王国。布拉格作为一个城市，是在伏尔塔瓦河西岸展开了自己的历史，由最初到达那里的教会开始建设并逐步发展起来。

到了14世纪，查理四世在布拉格建都，使其成为了神圣罗马帝国兼波希米亚王国的首都。查理四世在那时还开设了延续至今的捷克学术重镇查理大学。各地的知识分子、学生、商人都汇聚于此，布拉格出现了一派经济、文化的繁荣景象，一度成为了欧洲最大的政治、经济与文化的中心之一。

1867年后，捷克处于奥匈帝国的统治之下，布拉格也随之进入了奥地利哈布斯堡王朝的统治时期。虽然布拉格在政治上的地位降低了，但由于以纺织纤维工业为中心的工业革命的发展以及维也纳－布拉格之间的铁路的开通，布拉格仍然在经济上获得发展，成长为彼时奥匈帝国最大的工业都市。

随着第一次世界大战的结束，奥匈帝国土崩瓦解。1918年，在捷克斯洛伐克共和国成立后，布拉格成为了新生共和国的首都。在第二次世界大战中，布拉格为德国占领，饱受侵略者的蹂躏。但就是在布拉格，捷克爱国青年于1942年击毙纳粹统治头目莱因哈特·海德里希的壮举，又为布拉格赢得了不屈服于强暴的尊严。

“二战”结束后，布拉格作为捷克斯洛伐克共和国的首都获得新生。1948年，捷克斯洛伐克共产党通过选举取得政权，成立了捷克斯洛伐克人民民主共和国，国家从此走上了与苏联结盟的道路。在这段与苏联结盟的时期里，捷克斯洛伐克被西方世界纳入到从属于苏联的“东欧卫星国”的政治地理范畴之中。虽然是卫星国，一旦捷克斯洛伐克人民想要走自己的路，却遭受了被以苏联为首的华约五国军队入侵的灭顶之灾。这就是“布拉格之春”的结局。1968年苏联的入侵，为捷克斯洛伐克社会主义共和国的最终崩溃，做出了致命的负面贡献。

人们无法信任老大哥，当然也无法相信处于苏联刺刀“保护”下的当权者。随着 1989 年捷共政权的下台以及与苏联的盟友关系的结束，经历过“天鹅绒革命”与“天鹅绒分离”，于 1993 年成立的捷克共和国，无论从其地理位置、还是从社会政治制度看，则再次成为了名副其实的中欧民主国家。

当然，随着 1989 年铁幕的垮塌，以及 1993 年捷克斯洛伐克共和国的解体，布拉格成为捷克与斯洛伐克这两个新成立的独立国家之一——捷克共和国的首都，而翻开了其悠久历史的最新一页。

以整个城市被联合国教科文组织列为世界文化遗产，古都布拉格的美丽令人辞穷。饱经历史沧桑的布拉格到处荡漾着文化的气息。布拉格城区分为新旧两个部分。建于 14 世纪、将布拉格旧城区与对岸新城区相连的卡莱尔桥（又称查理大桥）上有 30 个圣者的雕像。而穿越城市的伏尔塔瓦河，以其滔滔河水引领人们的视线与脚步随它漫游，也使得布拉格的妩媚尽显于天下。

布拉格是一个人文荟萃的地方。历史文化的长期积淀使得城市的肌理变得丰富复杂。老城、旧城与新市区有机地交织在一起，使得这个城市具有其他城市所不具备的特别风韵。就文化传统而言，特别在布拉格旧城区部分，随时随处可见罗马时期、哥特时期、文艺复兴时期、巴洛克时期的各种风格的建筑，是一个拥有“建筑博物馆”“百塔之都”等美称的各种建筑标本的都市。在城市的其他地方，则随处可见体现了 19 世纪末的“新艺术”风格与 20 世纪初的“立体主义”与“装饰艺术”风格的建筑。尤其是作为前卫艺术实验运动的“立体主义”思潮，大概只是在布拉格才被以建筑的方式揉合进了现实生活。当然，社会主义时期的建筑也成为了城市的有机组成部分。那个于 1985 年开工、于 1992 年完成的齐什柯夫电视塔，虽然造型诡异，但也以其特有的古怪风格给布拉格的建筑史再添新篇章。而后社会主义时代的代表性建筑，则是沿着伏尔塔瓦河建起的“舞蹈之屋”。其灵动起伏的外形，与不息流动的伏尔塔瓦河河水交相辉映，成为了布拉格的新地标。

捷克拥有傲人的艺术文化传统。与它的欧洲邻国相比，捷克在体量上确确实实是个欧洲小国，但在文化艺术方面，却有着与其国家体量似乎并不相称的杰出贡献。而捷克的首都布拉格，更以其悠久的历史、丰厚的历史文化资源与

卡夫卡书店橱窗

独特的文化氛围，成为孕育了大量的作家与艺术家的精神沃土。

有人说，在音乐方面，布拉格可与音乐之都维也纳平分秋色。仔细想想，此话并非武断。伟大的捷克音乐家贝德里赫·斯美塔那（Bedrich Smetana，1824—1884）、安东尼·利奥波德·德沃夏克（Antonín Leopold Dvořák，1841—1904）等人，都在布拉格这个城市里展露才华，并进而驰名世界。斯美塔那的一曲《我的祖国》，尤其是其中最为精彩的华章《伏尔塔瓦河上》，将捷克的人文与自然以无比生动与错落有致的音声描述再现了出来。德沃夏克的《自新大陆》创作于美国，其悠长沉郁的音符在在触发离乡背井者的愁绪，闻者无不为之动容。

在文学上，现代主义文学的先驱者弗兰茨·卡夫卡（Franz Kafka，1883—1924）在布拉格的生活与写作，使得这个城市因了他而更加荣耀。他极具想象力的《变形记》，将现代社会对人的异化以文学的笔触予以深刻揭示，也具有强烈的批判性。他将现代与荒诞的关系，通过人的“变形”进行了淋漓尽致的呈现。《好兵帅克》的作者雅罗斯拉夫·哈谢克（Jaroslav Hašek）也是在布拉格扬名立万。他创造的“好兵帅克”形象，让人们在饱含了苦涩的笑声中，感受到了捷克底层人民对于官僚与资产阶级的辛辣嘲讽以及不屈的心志。诺贝尔文学奖获得者雅罗斯拉夫·赛弗尔特（Jaroslav Seifert，1901—1986）的文学书写，也都来自他长期浸润其中的布拉格城市生活。

在美术方面，穆哈、弗朗蒂赛克·库普卡（František Kupka，1871—1957）、约瑟夫·西马（Josef Šíma，1891—1971）、托燕（Toyen，1902—1980）等人的绘画，使得捷克美术在20世纪的西方绘画中占有一席之地。困居巴黎的穆哈，在圣诞节前急就一幅巨星莎拉·伯恩哈特的演出海报而一夜成名。从此，他妖娆秀丽的画风遍地开花，在欧美、东亚等地开启“新艺术”的一代风气。

在摄影方面，布拉格以其独特的美丽引得摄影家约瑟夫·休德克为之折腰。休德克终其一生没有离开过布拉格。他的布拉格摄影在视觉化布拉格方面功不可没。而休德克之后，索德克无疑成为了最受人瞩目的捷克摄影家。布拉格浓郁的历史文化气息，也成为了索德克享用不尽的创作灵感源泉。而约瑟夫·寇德卡拍摄于 1968 年“布拉格之春”的照片，则淋漓尽致地展现了布拉格与布拉格人不畏强暴的一面。

或许，在对于布拉格不算完整的介绍后，我们可以引用捷克作家克里玛所言来对布拉格的城市精神作一概括，那就是“布拉格有本事从悲惨的命运中萃取正面意义，这是这座城市的神奇之处”[1]。本书主人公索德克，正是一个善于从并不愉快的生活中“萃取”生命的积极意义，并作出无可取代的绚丽呈现的摄影家。从根本上说，通过照相机镜头来“萃取”生命的积极意义，可能是索德克这位布拉格之子能够从他长期生活的这座美丽城市所能够获得的最大启示。

二 大屠杀的幸存者

扬·索德克于 1935 年 5 月 13 日出生于布拉格的一个犹太人家庭。哥哥卡莱尔（Karel）比他早出生几分钟。对于自己的出生，扬曾经以自我调侃的口气说：“1935 年，我母亲生了一个儿子卡佳（卡莱尔的别称），没几秒钟，好像还有余力似的，我也出生了。这是一件没人预料到的事情。也许正因此，我常常想做意料之外的事，不管我做什么，都总是第二名。”[2] 从这段话，也可以发现他对于自己的双胞胎哥哥卡莱尔怀有一种情结。卡莱尔做什么都能做得很好，因此这个无所不能的哥哥既让扬崇拜得五体投地，也成为他心中永远的阴影。

扬的父亲古斯塔夫（Gustav）是一个银行职员。扬的童年生活颇为富足，只

---

1 渠岩：《精神在别处——布拉格艺术之旅》，生活·读书·新知三联书店，2005年，第85页。

2 《Lens杂志》，2013年8月号，第134页。

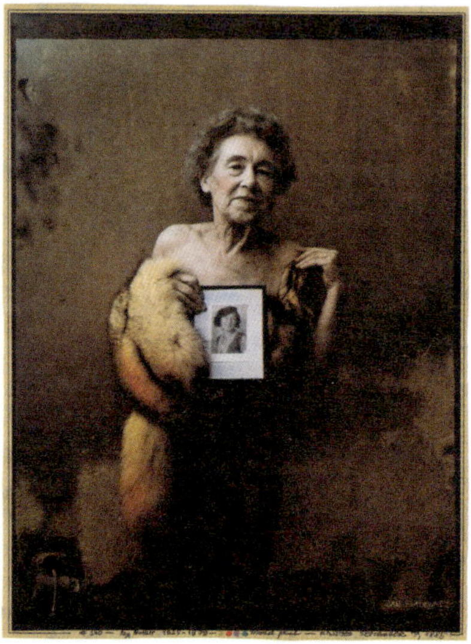

索德克的母亲

索德克的父亲

是这样的好景并不太长。因为第二次世界大战的爆发，他的祖国面临了沦亡的危机，而他的幸福童年也因此发生了急剧的变化。

1938 年 9 月 30 日，由德国、意大利、英国和法国签署的《慕尼黑协定》，决定了捷克斯洛伐克在“二战”中的命运。根据这个支持德国占领苏台德地区的协定，捷克斯洛伐克遭受的是“大约 282.5 万日尔曼人、接近 80 万捷克人以及 1.1 万平方英里从未成为现代德国一部分的捷克斯洛伐克领土的损失。被吞并的地区包括 80% 的捷克斯洛伐克纺织品、玻璃制品和化学制品企业，还有超过 70% 的钢铁制造以及大量褐煤和黑煤的储备。”[3]

1939 年 3 月 16 日，希特勒在布拉格城堡颁布一项法令，建立波希米亚和摩拉维亚保护国。这一侵略行为，更使得捷克斯洛伐克人民，尤其是在捷克的犹太人从此陷入了万劫不复的厄运。纳粹德国的占领者对于犹太人实施了严酷的统治。“对于保护国的犹太人，纳粹的‘雅利安化’计划将 1935 年的德国《纽伦堡法案》在 1939 年 6 月延伸到保护国。新制定的措施解除了对犹太人的法律保护，在旅行、教育、文化事务以及职业和商业活动中设置限制。法令还要求犹太人佩戴黄色大卫之星，并且减少对他们的食物的配给数量。”[4]

当然，事情还不止于此。纳粹大规模屠杀欧洲犹太人的行动在它的“保护国”捷克开始实施了。“从 1942 年 2 月开始，纳粹开始勒令犹太人离开家，他们将被送往集中营。”[5]

什么是集中营？所谓集中营，是以强制性的、剥夺人身自由的方式把大量的、特定的人群集中于一个特定的封闭场所，集中营的统治者与管理者在此以系统的方法对被囚禁的人通过对于人身自由与人性的剥夺，来达成最终剥夺生命的杀人目标。在这里，人被作为“物”加以技术性的处理，并且被以系统性的现代技术手段加以集体性的大量杀害。此中，以纳粹德国在第二次世界大战中建设于欧洲各地的集中营为极致。而在苏联，也出现了集中营的另外一种形式，

3　威廉·M·马奥尼著：《捷克和斯洛伐克史》，陈静译，中国出版集团东方出版中心，2013年，第169页。

4　同上，第174页。

5　林达编著：《像自由一样美丽》，生活·读书·新知三联书店，2007年，第22页。

如西伯利亚劳改营。

据记载，“到战争结束时，大约 7.5 万保护国的犹太人在大屠杀中死去。绝大部分死在集中营里，也另有人在战斗中遇难或者在其他情形下被杀害。最终解决方案的种族灭绝政策对波希米亚和摩拉维亚的犹太人是毁灭性的。”[6]

索德克的童年记忆里，清晰地保留着他父亲如何掩盖自己身上的“大卫之星”的情景。他父亲“在河边散步，惊恐地眼望着周围，把一本书按在胸前，以便遮掩那里的黄色之星”。在听闻纳粹到处建立集中营，并且把犹太人送进毒气室时，他的父亲仰天长叹：“席勒与歌德的国家绝对不会这么做的。这不可能！”[7]但是，事实将他父亲对于“席勒与歌德的国家”的幻想彻底粉碎了。浩劫之中的索德克家当然也无法逃脱纳粹的魔爪。不久，父亲斯塔夫也被关进了特莱津中转集中营，到战争结束时，古斯塔夫虽然幸免于难，但他的兄弟共 6 人死在此地。

在集中营里，古斯塔夫亲身经历了阿道夫·艾希曼（Adolf Eichmann，1906—1962），这个后来因为对他的审判而被称为“耶路撒冷的艾希曼”的纳粹屠夫的暴行。纳粹分子艾希曼忠实执行希特勒所制定的灭绝犹太人的“最终方案”，负责将犹太人输送到集中营并且具体实施屠杀作业。他因此被称为“死刑执行者”。“二战”结束后，艾希曼亡命南美阿根廷，后被以色列情报部门摩萨德捉拿归案，并且在以色列接受审判。对于艾希曼的审判，因为德裔美国学者汉娜·阿伦特（Hannah Arendt，1906—1975）的介入而具有了哲学意义。阿伦特奔赴耶路撒冷观察受审的艾希曼与审判过程，并且最终写出了《耶路撒冷的艾希曼——关于平庸之恶的报告》（1963）一书，讨论像艾希曼这样的辅佐极权政权者，是否应该在历史审判中负起个人罪责以及他们能否得到赦免的问题。1962 年 6 月 1 日，艾希曼被处以绞刑。

将人区别开来，将一部分人置于名义上的另一部分人的普遍监视之下，从日常生活实践开始实施普遍性的歧视乃至杀戮，是一切专制政权的拿手好戏。这样的人种歧视不久也落到了童年索德克与卡莱尔的身上。到了 1941 年 9 月，

---

6 威廉·M·马奥尼著：《捷克和斯洛伐克史》，陈静译，中国出版集团东方出版中心，2013年，第177页。

7 Daniela Mrázková, *Jan Saudek*, Taschen, Koln, 2006, P13.

纳粹要求6岁以上的犹太人都要佩戴黄色大卫之星。其时，正是扬与哥哥卡莱尔必须佩戴黄色大卫之星的年龄。这种对于犹太人进行区别隔离的歧视政策，对于正要开始理解世界、拥抱人生的犹太儿童来说意味着什么？想来是非常严酷的精神考验。在父亲古斯塔夫被带走后，扬与哥哥卡莱尔也被关进了另外一个集中营。这个集中营位于波兰边境地区，是一个中转集中营。

索德克并不意愿回忆自己在集中营里的生活。这是可以理解的。但他还是在回忆中提到了与艾希曼齐名的另外一个纳粹魔鬼约瑟夫·门格勒（Josef Mengele，1911—1979）。门格勒被人称为“死亡天使”，是在纳粹集中营里对犹太人进行大屠杀的直接实施者。他的罪行包括有权决定谁可以被送进毒气室处死、对于囚人进行目的秘不示人的人体实验等。因为他要“改良（雅利安）人种”，因此对于双胞胎儿童有着特别的兴趣。这个杀人恶魔的存在与传说，给曾经生活在集中营里、后来侥幸逃出他魔爪的童年索德克留下了非常深刻的恐怖记忆。

在此，援引一首特莱津集中营里的犹太儿童所写的诗歌，希望能够让读者对于索德克童年时代身处的大恐怖，有一个情景性的理解。

集中营编号L410的Teddy在1943年写了下面这首诗，《在特莱津》：

一个新的孩子来到这里，
一切对他都是那么陌生。
什么，晚上就躺在地板上？
吃发黑的土豆？不啊，我不愿意！
我非住这儿不可？那么脏的地方！
这地板——你看，多脏啊，我好害怕！
就让我这么睡在地板上？
我身上就都得弄脏啦！

身边都是尖叫声，还有哭泣，还有，
那么多的苍蝇。

谁都知道苍蝇传染疾病。
啊，什么东西在咬我！这是臭虫？
特莱津，生活就像地狱，
可什么时候能回家，我至今也不知道。[8]

Teddy 所面临的所有的不安与恐惧，幼小的扬与卡莱尔一定都同样经历过，而且记忆深刻。他们兄弟俩在集中营里除了要共同经历这初来乍到时的疑虑与恐惧之外，还必须面对在他们眼前展开的残酷的死亡场景。“所有来到这里的孩子们，都有过自己非常的经历。其必然的结果就是巨大的心理损伤。纳粹所代表的邪恶，毁灭着文明的物质存在，更在毁灭人类的心灵。”[9]

不过，在纳粹还没有来得及把他们兄弟送到下一个地方时，苏联红军在捷克斯洛伐克地下抵抗组织的配合下，解放了捷克斯洛伐克全境。纳粹德国战败，索德克兄弟也得以幸免于难。也许是这段与死亡擦肩而过的经历，使扬对于生命之宝贵有着特别的感悟。他是在亲身经历了人类的生生死死、悲欢离合后，才走进了摄影这片神奇的天地。这个在童年时代经历了第二次世界大战血与火的洗礼的摄影家，在之后逐渐展开的人生里，非常积极地生活，努力享受生活所带来的一切欢愉。也因此，索德克的摄影实践，恐怕只能是以赞美美好生命的方式来展开。当然，其底色，则是他终生不能摆脱的死亡恐惧。

三 “二战”后的捷克斯洛伐克摄影环境

索德克走向社会之时，捷克斯洛伐克也经历了重大的历史性变化。第二次世界大战结束后，捷克曾经有过一段短暂的民主时期。1945 年，共产党、国家社会主义党、人民党和社会民主党等四党共组了国民阵线政府。此时，西方文化，尤其是美国的大众文化对于捷克斯洛伐克人的生活方式与价值观产生了比较大

---

8 林达编著：《像自由一样美丽——犹太人集中营遗存的儿童画作》，生活·读书·新知三联书店，2007年，第81页。

9 同上，第54页。

的影响。但是，由于捷克斯洛伐克位于欧洲心脏地带，在美苏“冷战”开始后，因其置身于东西方两个不同意识形态阵营之间的战略要冲位置，不可避免地成为了美苏双方激烈争夺的对象。

1946年，曾经领导英国在“二战”中浴血奋战并且取得反法西斯战争胜利的英国前首相温斯顿·丘吉尔，在访问美国时发表了著名的“铁幕演说”。他说：“从波罗的海边的什切青到亚得里亚海边的里雅斯特，一副横贯欧洲大陆的铁幕已经拉下。”作为一种呼应，美国总统杜鲁门在1947年3月21日的美国国会参众两院联席会议上发表咨文，提出了著名的杜鲁门主义。他说：“无论在什么地方，无论直接或间接侵略威胁了和平，都与美国安全有关。”美苏两大阵营的冷战正式拉开了序幕。直到1991年苏联解体，美国以杜鲁门主义为基石遏制苏联的战略与政策以各种方式展开，并且最终取得了胜利。

而在战后的捷克斯洛伐克，各种政治力量展开了一系列风云诡谲的政治角力。在1948年的“二月事件”之后，当时拥有最大政治力量的捷克斯洛伐克共产党于1948年全面接管了政权。

所谓“二月事件”，起因于联合政府中的国家社会主义党人、司法部长德尔蒂纳于1948年2月13日公开指责，共产党内务部长诺塞克驱逐了布拉格警区的8名警官而代之以共产党警察。面对这样的指责，联合政府总理、共产党人哥特瓦尔德认为此举无可非议。由于得到哥特瓦尔德支持的内务部长没有让步，局面因此发展到联合政府中的其他三党的12名部长向爱德华·贝奈斯总统辞职。他们希望以此让总统有可能任命一个新内阁。但贝奈斯总统没有接受这些部长的辞职，而捷共则已经开始向首都布拉格调动武力。已经成功逼迫捷克斯洛伐克不参加“马歇尔计划”、一直阻止捷克斯洛伐克倒向西方的苏联也介入到此事中来，有消息称，苏联军队已经在捷克斯洛伐克边境集结好了。为了施加压力，捷共还在2月24日中午组织了有250万人参加的全国一小时总罢工。面对内外压力，贝奈斯总统于2月25日接受了12名部长的辞职，并且签署了由哥特瓦尔德提出的新政府成员名单。2月26日，失去部长位置的德尔蒂纳据说选择了自杀。2月27日，由捷共占主导地位的新政府举行宣誓。至此，“二月事件”以捷共的全面胜利而告终。作为余波，在5月30日举行的国民议会选举中，哥特瓦尔德最终成为了共和国总统。6 月 7 日，贝奈斯辞去总统职务，不久之后，在绝望中去世。

在这里，我们还可以通过米兰·昆德拉在小说《生活在别处》里的一段文字，对于 1948 年捷克斯洛伐克共产党全面掌权的历史，获得一种感性认识。

昆德拉在这部小说里描写了主人公雅罗米尔如何得知革命发生的情况：

“他在床上已经躺了三天，喉咙上敷着药，可是这天一大早，外婆就冲进他的房间，对他说：‘雅罗米尔！楼下一片混乱！’‘发生什么事情了？’他问道。外婆解释说楼下姨妈一家听广播里讲发生了革命。雅罗米尔跳起来，跑进隔壁的房间，打开收音机，听到了克莱门特·哥特瓦尔德的声音。他很快明白发生了什么事，因为这几天（虽然正如我们解释的那样，他此时此刻有更重要的心事）他也听说几个非共产党员部长威胁政府的共产党总统哥特瓦尔德，让他自己提交辞呈。而现在他收听的正是哥特瓦尔德在老市政府的广场上向集会群众揭露那些要将共产党驱逐出政府的叛徒，说他们要阻止人民在社会主义的道路上继续前进；哥特瓦尔德号召人民强迫那些部长辞职，并在全国各地建立起共产党领导下的新的革命组织。老旧的收音机里，哥特瓦尔德的声音和群众的喧闹声混杂在一起，彻底点燃了雅罗米尔心头的火焰，令他兴奋不已。他穿着睡衣，脖子上缠着毛巾，在外婆的房间里市场喊道：‘终于到来了！这一切必须到来！终于！’”[10]

据捷克友人李素女士说，在捷共取得政权后，“二月事件”被称为“胜利的二月”。彼时的捷克斯洛伐克，社会、政治、经济与文化都开始了与苏联的路线、方针与政策取得全面一致的进程。

从此，直到 1989 年，“一个被凌辱、被掠夺的国家（每天都有载着铁矿石的火车一列接一列地离开捷克斯洛伐克驶向俄罗斯），一个被嘲弄、被抹杀了个性的民族，小学生们必须学习俄语——叫做‘母亲的语言’；‘共产主义青年’被裹胁在用红色汤料调成的俗套子里，无法自拔。像世界上所有被编成团旅、一切行动听指挥的青年们一样（比如希特勒的青年团），他们必须在特定的日

---

10 米兰·昆德拉，《生活在别处》，袁筱一译，上海译文出版社，2011年，第163、164页。

期去游行，喊着愚蠢的口号，举着横幅标语，为光荣的党欢呼歌唱；还有间谍体制布下的天罗地网，揭发举报受到一贯的鼓励，说假话和卑鄙的勾当也自然受到鼓励——这愚昧又残暴的一切，劈头盖脸砸了下来，泰山压顶一般，压迫着一个古老的、多元的、善于冷嘲热讽的，也颇为神秘的民族，她自己也看得清楚，长此以往，将濒于灭亡。”[11]

捷共执政后，全面强化了对意识形态的控制。这种对于精神文化生产领域的一元化控制，严重损害了捷克斯洛伐克知识分子与文人的工作热情，也压制了文艺创作与生产的活力。比如，在捷共执政后，“据估计，私人图书馆中的700万册藏书被销毁，300万册被移交给公共图书馆，400万册被封存。”[12]这种对于文化与历史的粗暴做法，引起了许多知识分子与文化人的不满。这种不满也成为后来引发1968年“布拉格之春”的原因之一。

在文化艺术领域，苏联倡导的、确立于1932年的“社会主义现实主义”原则，也成为了捷克斯洛伐克一切文化艺术领域的创作者所必须遵从的创作原则。

被苏联东欧阵营定于一尊的“社会主义现实主义”原则，是当时文艺创作的唯一标准与原则。“社会主义现实主义”，要求文学艺术家们作为党的事业的“齿轮与螺丝钉”，为党歌功颂德。那个确立于1932年的斯大林时代的文艺准则，发展到索德克拿起照相机的20世纪六七十年代，已经完善为“斯大林主义社会主义现实主义”或“日丹诺夫社会主义现实主义”。这个艺术创作原则不要求文学家、艺术家积极地探索人性，也不允许动用各种艺术手段来表达与呈现人们的现实生活。它只要求艺术家们以服从为原则，以泯灭自己的个性与艺术表现力为代价，通过积极建构虚幻的、虚妄的“现实”来取代对于真正的现实的呈现与评价。这个创作“原则”，就是要艺术家公然以作品中的伪“现实”来置换现实的真相与真实，由此在文化上愚弄人民。而在共产主义乌托邦的大义之下，一切个人的自由（包括创作自由）均被充公。那是以“社会主义现实主义”之名对于现实与创作自由的公然剥夺。在当时的苏联和东欧国家里，没有“社

11　让－克劳德·卡利耶尔：《乌托邦的年代——1968—1969纽约－巴黎－布拉格－纽约》，戎容译，商务印书馆，2010年，第83页。

12　郭翠萍：《捷克斯洛伐克的改革岁月》，中国社会出版社，2013年，第38页。

《斯大林格勒》（1957）

会主义”这个前缀的“现实主义”与任何其他“主义”，本身就已经是一种原罪，就已经构成一种反苏与反党的政治态度。歌功颂德成为了文艺创作的基本要求，复杂的人性探索成为了禁忌。从某种意义上说，忠实于自己内心的创作，在某种程度上就是与权力为敌，同时也是与自己为敌，给自己带来灾祸。在这样的“社会主义现实主义”原则的主导下，曾经在视觉艺术文化领域有过非常令人瞩目的辉煌成就的捷克斯洛伐克视觉艺术，也开始变得单调乏味。

即使如摄影这样的相对直观、直接的视觉手段，也必须服从于宣传要求，必须通过摆布、导演来塑造“苏维埃英雄人物”。苏维埃英雄主义要塑造的是脱离了日常的斯达汉诺夫式的超人。“英雄”是塑造出来的，而且是反日常的英雄。而“社会主义现实主义”从手法上说，就是一种塑造的原则与原理，那实际上是一种塑造的“现实主义”。

从笔者在捷克收集到的一些当时的摄影杂志看，20 世纪 50 年代的捷克斯洛伐克的摄影确实比较单调。

比如，在 1951 年第 6 期的《新摄影》杂志中，第一篇文章是约瑟夫・贝赛达（Josef Beseda）的文章《农业摄影的任务与目标》。从标题看，这文章不像摄影论文，而像是一份党与政府的文件。另外一篇《苏维埃摄影——我们的模范》则反映出两党两国之间的主从关系在捷克斯洛伐克摄影中的体现。在这份杂志的最后，还以俄语、英语与法语三种语言宣布了自己的目标与定位：“致力于摄影家的意识形态与专业技巧的教育。”

从任何方面来看，索德克的摄影都是与这样的创作要求相抵触的。而我们要理解索德克的摄影，只能从这样的创作环境来看，才有可能较为深入地理解他的苦心孤诣，以及他当时工作的实际困难程度。

四 与摄影的邂逅

1950 年，扬 15 岁那年，得到了父亲送给他的一份礼物，一台柯达儿童布朗尼照相机。用这台照相机，他拍摄了自己的第一张照片。

1952 年，他开始了作为摄影师的训练。索德克在位于布拉格的国立图像艺术学院学习了两年之后，进入斯戴印刷作坊，成为了一名照相制版摄影师。后来，他又转到托莫斯制造公司工作，直到 1983 年离职。在他干过的所有工作中，照相制版摄影师也许是他从事时间最长的一个职业。近 30 年的专业制版摄影师的工作磨炼，使得他有机会长年处理黑白胶片与照片的冲洗印放，积累了丰富的经验。炉火纯青的暗房技艺，于他的摄影表达有着极大的帮助。在 1954 年到 1956 年间，他还服过两年兵役。

从现存索德克的青年时代的生活照片看，他比较欣赏西方流行文化。童年时代，他与哥哥一起通过美国发起的“联合国善后救济总署”（UNRRA）的经济援助，接受了形式多样的西方文化，尤其是美国大众文化的影响。而美国的通俗漫画、流行音乐以及时尚等，则成为他们兄弟俩的偏好。他哥哥最终成为了一个著名的漫画家，也许与此不无关系。

从社会学的角度看，在强调集体主义、压制个性的极权社会里，年轻人的反抗与异议，有的时候就是以热衷于追逐与主流意识形态所灌输的东西相反的东西来表达。无论是纳粹时代德国青年痴迷于摇摆舞，还是苏联东欧阵营的青年喜爱美国流行文化，从根本上说，都是一种文化反抗。

显然，像索德克这样已经被某种文化打好了一定程度的个人底色，在有可能展开自己的创作时，要他去违反个人意志与美学趣味而曲意顺从某种机械的、教条的一统原则，的确非常困难。当然，一意孤行地尝试实践自己的艺术追求是需要极大的勇气的，也具有很大的风险。因为大量的甚至可以说是全部的资源都集中在官方那里，不为利益的诱惑所动而孜孜于个人的艺术追求，就意味着被排除与封杀。除此之外，来自外部的种种对于个人创作自由的骚扰与干预（包括审查、封杀、传讯、监听甚至入狱等），如果不是意志坚强者，绝对无法在这样的情况下继续自己的事业。而索德克就是在这样的情况之下，以强大的心理承受能力，顶住了各种干扰与压力，在自己的艺术道路上坚毅跋涉。

索德克于 1958 年结婚。1959 年，妻子玛丽埃给了他一台可以真正展开创作的照相机。那是一台画幅为 6×6 厘米的捷克国产 120 照相机。在开始业余摄影创作的同时，他还从事绘画创作。而他对于绘画的热情至今没有消退。1963 年，他的第一个个展在布拉格的前卫剧院“Na zabradli”举办。在展览期间，秘密警察来到了展厅。他们搜查了索德克的公寓，没收了他的底片。他们指控他宣扬色情。虽然秘密警察没有让他蹲大狱，但那些底片永远失踪了。尽管出道之初受到了这样的惊吓，但展览所受到的欢迎仍然令索德克感到鼓舞。他立志要成为一名艺术摄影家。

当时，他从友人那里获赠一本《人类一家》（*Family of Man*）的展览图录。受到这本令他热泪盈眶的图录的启发，索德克决心以人类生活与情爱为自己的毕生创作主题。1969年，他有机会在美国印第安那大学布鲁明顿校区举办个展。美国之行坚定了他成为一名摄影家的决心。在美国期间，芝加哥美术馆的策展人休·爱德华兹（Hugh Edwards）鼓励他坚持摄影，这对于他克服现实困难、努力坚持下去功不可没。

在结束了为期五周的访美后，索德克踏上了回国的行程。当时正是“布拉格之春”受到苏联坦克镇压后不久。他的这一举动被许多人视为冒险之举。有人劝他不要回国。事实上，在“布拉格之春”之后，确实有大批捷克斯洛伐克知识分子与文化人走上了流亡国外的道路。如电影《飞越疯人院》的导演米洛斯·福尔曼（Milos Forman，1932—）等人就流亡国外。何况索德克在出国前就一直受到秘密警察的骚扰，因此此时回国，并不被视为明智的选择。

不过，正如当时也在美国访学的捷克作家伊凡·克里玛（Ivan Klima，1931—）谈到自己在“布拉格之春”后的回国之举时所说的，“因为我想，作为一个作家，在这个时候，和自己的民族在一起是最好的选择，这完全不是民族主义，这仅仅是因为我的写作不是追溯历史。……在国外就像割断了你的翅膀。对于许多作家来说，这就意味着写作生涯的死亡。所以，我回来了，按照文学评论家的观点，那段时间，就是回来之后的20年，我写出了最好的作品。我相信，如果当时没有回来，我不会写出那些东西。”[13] 与索德克面临同样选择的克里玛的解释，或许可以为我们理解索德克的回国选择提供一种视角。而一个被武力压迫的民族，其在文化上的无法征服，或许就体现在如克里玛、索德克这样的人的非凡勇气之中。

---

13 韩葵：《看望克里玛》，《南方周末》，2015年1月22日，D26版。

五 作为摄影家的人生

1970年，索德克与玛丽埃分手。1971年，从美国回来的索德克，在他独居的陋室里发现了他的“墙壁”，并且最终使之成为了他的具有高识别度的创作标签。虽然不断受到当时捷克斯洛伐克当局的打压，但所幸他的作品受到布拉格的一个摄影展览策划者的青睐而免遭被埋没的命运。此人名叫安娜·法若娃，在国际摄影界活动广泛而频繁。她在鼓励索德克坚持自己的创作个性的同时，也积极向西方介绍他的作品，并终于使他的作品在西方获得了承认。从此，他成为了捷克斯洛伐克摄影的“非官方”象征性人物。

在最初接触索德克的作品时，作为女性的法若娃颇有一种抵触感。她说：“20世纪60年代，我首次遇到索德克和他的作品时，并不认真看重他。他的东西似乎仅是特殊效果、文体和游戏的混合物。我觉得受到胁迫，我想要忽视他、逃避他，我憎恶他对低级品味的喜好，我也不喜欢他早期照片里相当流露的做作、娇羞状的感伤。但同时，我又了解这个从布拉格来的人是特别的，在展览会场和摄影刊物上，他的照片不可否认地抓住人们的注意力——与同时期的摄影家们的报导性和写实主义相比较，他的作品是如此的不寻常。一点一滴的，我被迷惑了。我学着认识相机背后的这个人，知道他具有不可辩驳的真实性，知道他的灵肉都属于他的影像世界；于是我对于他以及他的作品的态度，就此义无反顾地为之改观。”[14]

顺便说一下，法若娃为推动捷克斯洛伐克的摄影作出了巨大贡献。也是她，向国外推介了大摄影家约瑟夫·休德克。1977年，她因签署了“77宪章”而被政府解除了布拉格装饰艺术博物馆摄影策展人的职务。

从20世纪70年代中期开始，索德克的名声在国际上稳步提升，世界各国的美术馆与画廊纷纷展出他的摄影作品，他几乎成为了捷克现代摄影的代名词。至今为止，他已经在全世界举办了400多场个展。法国的蓬皮杜现代艺术中心、美国的大都会博物馆与盖帝博物馆等世界著名的博物馆与美术馆都收藏了他的

---

14 阮义忠：《当代摄影新锐——17位影像新生代》，中国摄影出版社，1990年，第81页。

个人摄影集《生命剧院》

摄影作品。

1977 年，索德克开始在黑白照片上进行手工着色，这成为了他的摄影的特色之一。也是在这一年，创办于 1970 年的法国阿尔勒摄影节邀请索德克以个展方式参加。1981 年，他的第一本摄影集在意大利米兰出版。1984 年，他在捷克艺术基金会登记注册成为其成员，获得了作为艺术家的劳动许可证。作为官方批准的自由艺术家，他终于离开工作了 20 多年的单位，专心投入到他的摄影创作中去。1987 年，他的工作室曾经被秘密警察搜查并且被没收了底片。不过后来这些底片还是被归还了。

1990 年，名满国际的索德克获得了法国政府的“文化艺术骑士”勋章。更有法国电影导演杰罗姆·德·密索尔茨（Jerome de Missolz）为他拍摄了电影。此时的捷克斯洛伐克，已经经过“天鹅绒革命”而摆脱了苏联的控制。

1991 年，索德克在剧变后的祖国捷克出版了他的第一本个人摄影集《生命剧院》（*Divadlo Zivota*）。此书一出版即畅销全国，这是来自祖国的对于摄影家的迟到的肯定。

1991 年，创办于 1985 年的日本北海道东川町国际摄影节，把“海外摄影家奖”颁给了索德克。“海外摄影家奖”的奖金为 50 万日元（现已增加为 100 万日元）。这届的评奖委员会是由摄影评论家重森弘淹、摄影家植田正治、奈良原一高，文化人类学家山口昌男，创意总监小池一子，艺术总监长友启典等 6 人构成。从这个名单可以发现，评奖委员会的构成并不局限于摄影界，还有来自学术界等多方面的人士。因此，索德克的此次获奖不仅具有艺术的意义，而且也具有文化的意义。

东川町国际摄影节把奖项颁发给他，是“针对其摄影集《扬·索德克的世界》

选用索德克作品的日本图书

（*The World of Jan Saudek*）[15] 以及其他一系列的创作活动”。担任评奖委员会委员长的日本摄影评论家重森弘淹在阐述评奖理由时说：“海外摄影家奖选择了捷克斯洛伐克的扬·索德克。颁奖背景是 1989 年左右呈现出来的急剧高涨的东欧各国的民主化风暴。他与约瑟夫·寇德卡（1938— ）一起代表了该国的摄影家。索德克于 1935 年出生于首都布拉格，在第二次世界大战后服过兵役。在农庄与工厂工作之后，在 20 世纪 50 年代初成为摄影家。特别是在 20 世纪 60 年代后期，在他接触到爱德华·斯泰肯策划的《人类一家》展览的图录后，他决心表现人这一令人感动的存在的意义。他的主题，屡屡表现儿童及男女之爱，更有许多是着衣的人体，通过其看上去古典的、正统的表现风格，可以发现他对于性爱的确信。”

当年的东川町摄影奖“国内摄影家奖”则颁给了荒木经惟——“针对其一系列的创作活动”。在解释为何颁奖给他时，重森弘淹说了如下一番话：“对于性爱的确信，可以从风格与索德克完全相反的，而且成为了本届国内摄影家奖的获得者荒木的世界中感受到。他于 1940 年出生于东京。特别是记录了与最近去世的夫人的新婚之行的《感伤之旅》（1971 年），非常直率地讲述了私人之爱而在 1970 年产生了冲击性的影响。之后，他的这一姿态一贯不变，并且演变为更具争议性的风格。他把爱理解成总是与生和死相连的信息，在现实的生活中来讲述之。……他的摄影集多达 60 册，众所周知，与他的存在一起卷起了可称之为社会文化现象的旋风。”

其实日本摄影评论家重森弘淹对于为何嘉奖东西方这两个摄影家的不同的理由阐释，从某种意义上说，对于这两个摄影家都相互适用。

也是在 1991 年，索德克收到了来自英国文化委员会的邀请，请他赴英国北部的大学城杜汉（Durham）出席一个会议。此时他正处于名声的巅峰，但社会转型后的巨大变化令他有所不适。最大的问题是来自外部世界的诱惑接踵而至，他不得不面临如何取舍的问题。这次的会议邀请就是在这样的背景下出现的。这个会议的议题有三个：国家身份、国际主义与艺术中的性的展示。根据索德

15 *The World of Jan Saudek*, Aperture, 1983.

#802/1 » New York, New York « — PRINT FINISHED: AUGUST 22, 1984 (for printing purposes only)
Model print

《纽约，纽约》（1985）

克的创作特点，不难推测，他之所以被邀是因为他的工作与第三个议题有直接关系。“索德克当然没有意识到来自全欧洲的女性主义者会计划出席他的讲演。他不断地展示情色与性欲，他对身体与肉体现实的崇拜，年轻的与美丽的，或是年老的、畸形的与损毁的身体，迟早，这一定会吸引国际女性主义运动的注意。在她们反对性产业的运动中，些微的性暗示就成为了发难的合适借口，因此索德克是个她们所渴望的猎物。”[16] 但是，结果出人意料，他以自己的滔滔雄辩征服了听众。那些本想质疑他的人，似乎一时间无法找到向他发难的机会。

介绍这个事实，并不是想说索德克的作品受到了女性主义的认可就是好事，或者就此推导出征服了女性主义者的作品就是好的作品的结论。并非如此。优秀的艺术家本应该忠实于自己的感受与内心，寻找到最合适表达自己感受的艺术语言与手法。至于作品最后征服了谁、激怒了谁，只是其作品的客观结果，一般来说，并不应该在他预想的范围里。这个事件能够告诉我们的是，索德克在阐述自己的作品理念时，既没有迎合也没有挑衅，最后是以自己的真诚获得了理解。

1976 年到 1984 年间，索德克与芝加哥的雅克・贝鲁赫画廊合作。与国外画廊合作，应该是他 1969 年美国之行的重大成果之一。因为这样的合作可以让他通过出售自己的作品，获得在当时的苏东阵营里非常稀缺的外汇硬通货。这些从国外源源寄到的外汇支票，为他继续从事自己的创作提供了极为可贵的经济帮助。从 1988 年到 1995 年，他又与阿姆斯特丹的火炬画廊有了紧密的合作。1990 年以后，他与阿姆斯特丹的艺术无限出版公司展开了合作。

作为捷克最具国际声誉的摄影家，索德克经历了国家的民主转型，他在自己的祖国也开始受到广泛的关注，面临全新的情境。“1989 年以后，捷克斯洛伐克的前政权瓦解。索德克的作品终于能够公开展出。随后到来的成功和受欢迎程度甚至令他有机会出演电视脱口秀节目。在这种媒体中，索德克同样证明了自己是一个讲故事的好手，他知道该如何在一系列故事中以一种娱乐化的方式加以评论。时隔多年，他又开始了油画创作。他出版了大量专著，在全世界

---

16 Daniela Mrázková, *Saudek*, Taschen, Koln, 2006, P40.

多个国家安排了数不清的展览。他也开始创作基于自己生活经验的小说，大多带有一点自嘲的味道。”[17] 在完全去除了外在的压力与束缚之后，处于新情境之下的索德克，似乎努力要在多个领域（文学、美术、电影等）里留下自己的痕迹。不过，这些尝试除了化解他自己的一些个人心结（如绘画情结）与分散了他的部分精力之外，似乎仍然无法冲淡、削弱他作为一个捷克首屈一指的大摄影家的形象。

在索德克的个人生活中，有些人，尤其是一个被他称为“最美丽的女子”的女性，在他的生活中留下了深刻的印记。“许多摄影师模仿他，甚至直接复制他的独特风格。但是没有人能像一个女人做得那么到位，她开始的身份只是模特和助手，后来却慢慢成为了索德克的女性化身。她改了名字，开始模仿他拍照、写作、说话。很快接管了他的日常事务和经济收支，开始参与处理图像和版权的交易。两人分道扬镳之后，索德克发现自己的特许使用费已经转移到了别人手中，自己丢失了所有的财产和底片。”[18] 这个令人不可思议的故事，已经作为一部电影的情节被影像化。这部电影的剧本由索德克本人参与撰写。今年 4 月，这部电影将在上海当代艺术博物馆公映。

1998 年，在布拉格市政厅，索德克的大型回顾展览以《再见，扬——扬·索德克的最终展览》为名展出。这场为期六周的展览共售出 74903 张入场券，可谓盛况空前。与展览同时，主办者还举办了一场索德克摄影作品拍卖会。他广受喜爱的《纽约，纽约》的起拍价为 36000 克朗，最后以 122000 克朗成交。[19] 在摄影作品市场很小的捷克，索德克摄影的商业成功，也成为了捷克艺术市场上的一个奇迹。

索德克精通于如何传播自己的作品。他的摄影作品通常以多种形式发行，形式灵活多样。其中，摄影画册、大幅海报、明信片等是他的作品的主要流通形式。他出版了许多摄影集，其中尤以 2005 年由捷克“斯拉夫艺术”出版社出版的《索

17　米洛斯拉夫·安布洛兹：《“将我理解成‘裸女摄影师’真是大错特错”》，见《Lens杂志》，2013年8月号，第126页。

18　SEE+画廊：《简·索德克》，北京，2013年，第16页。

19　Daniela Mrázková, *Saudek*, Taschen, Koln, 2006, P42.

德克》和2006年由德国塔森出版社出版的《索德克》为集大成者。而海报与明信片因其发行量之大，为传播他的名声作出了贡献，也使得他的某些作品成为了最受欢迎的作品。

2006年，索德克获得了捷克共和国的奖项“波西米亚亚米契斯奖”。与他同时获奖的，还有米兰·昆德拉。

2014年，索德克与曾经是记者的宝拉（Pavla）在北京结婚，两人育有三子。

《在路上》（1964）

第二章

《人类一家》的捷克版本

一 “我决定要做一本那样的书”

20 世纪 50 年代末，索德克从外国朋友处获得了一本《人类一家》（*Family of the Man*）大型摄影展览图录。索德克为图录中有关人类生活的丰富多彩的图像所感动，产生了自己也要以摄影方式展现人类生活与情感的想法。他说：“我刚从军队服役归来，一位朋友拿了这本书给我看——我震惊、心神错乱、晕眩迷惑，我哭了。我立刻发誓要拍这样的‘故事’，而且全部由我自己来拍。”[1] 他还说：“来自《人类一家》展览的照片集改变了我的生活。我决定要做一本那样的书，关于人类与我自己的。这个想法很幼稚，爱德华·斯泰肯是从成千上万张照片中作出选择的，而我每天得去上班，没有多少时间可以留给摄影。即使到今天，只要我翻看这本书，还是被感动，就像我还是个年轻人时那样，我还是想要做本像

1 阮义忠：《当代摄影新锐——17位影像新生代》，中国摄影出版社，1990年，第83页。

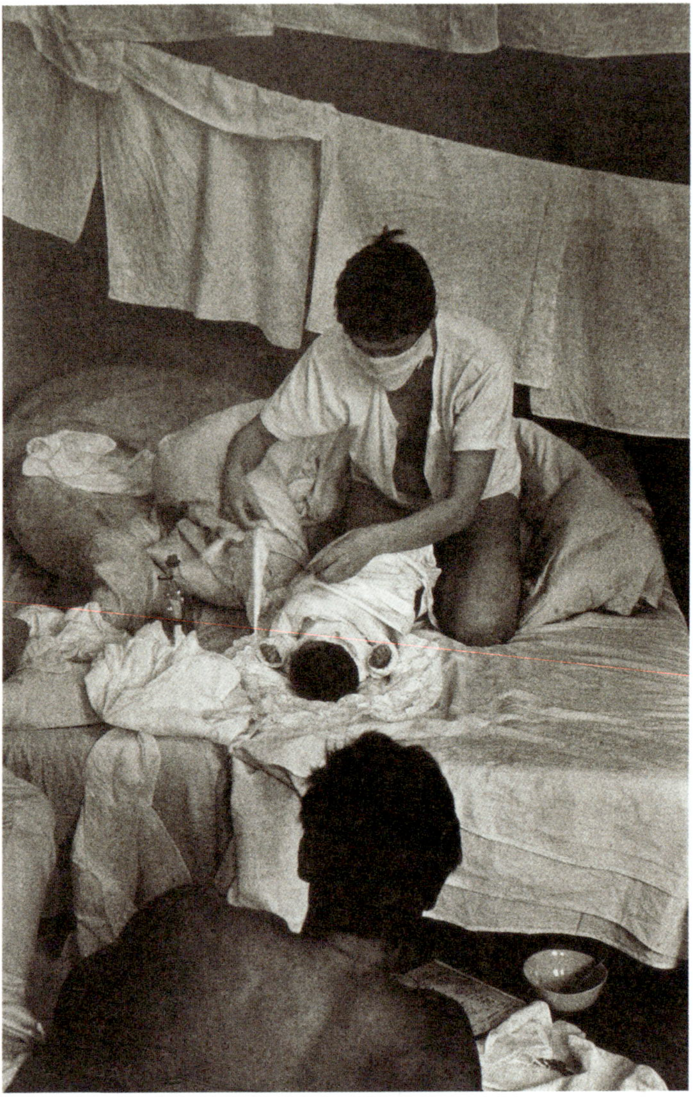

《在家的第一天》（1963）

那样的书。”[2] 从某种意义上说，这本图录改变了他的生活与摄影观。当然，这只是一个外部原因，如果他自身的生活经历、人性感悟以及美学追求与《人类一家》中所散发的气息及体现的追求没有共鸣，那么即使他拥有这本图录，他的早期摄影也不会是我们今天所看到的样子。

在此有必要对于这个在世界摄影史上有着重要影响的大型展览作一简单介绍。

第二次世界大战结束后，欧洲各国面临着从被战火摧毁的焦土废墟上重建国家的严峻任务。战后欧洲同时也因为美苏间有可能发生的核战争而惴惴不安。

美国作为“二战”的主要战胜国之一，此时已经趁势取得了对于世界事务的主导权。这种主导权当然也包括了在文化上影响世界的能力与能量。从以西方摄影为主要论述对象的摄影史的角度来看，整体上，西方摄影的重心也在此时从欧洲尤其是从法国与德国这样的摄影大国，开始转向其本土没有经历过第二次世界大战的美国。1955 年在纽约举行的“人类一家”大型摄影展览，则可以视为这种重心转移的胜利宣言。

1955 年，时任纽约现代艺术博物馆摄影部主任的爱德华·斯泰肯策划了这个大型摄影展览。这个展览用了三年时间筹备，集中了 68 个国家的摄影家们拍摄的 503 张照片，旨在表现这样一个浪漫观念：人类一家，天下一家。此展览先在美国本土取得成功，展览结束后，又巡回到了包括苏联、日本在内的 37 个国家展出，受到了东西方各国观众的好评。和照片中的内容一样具有戏剧性的是，

2 阮义忠：《当代摄影新锐——17位影像新生代》，中国摄影出版社，1990年，第16页。

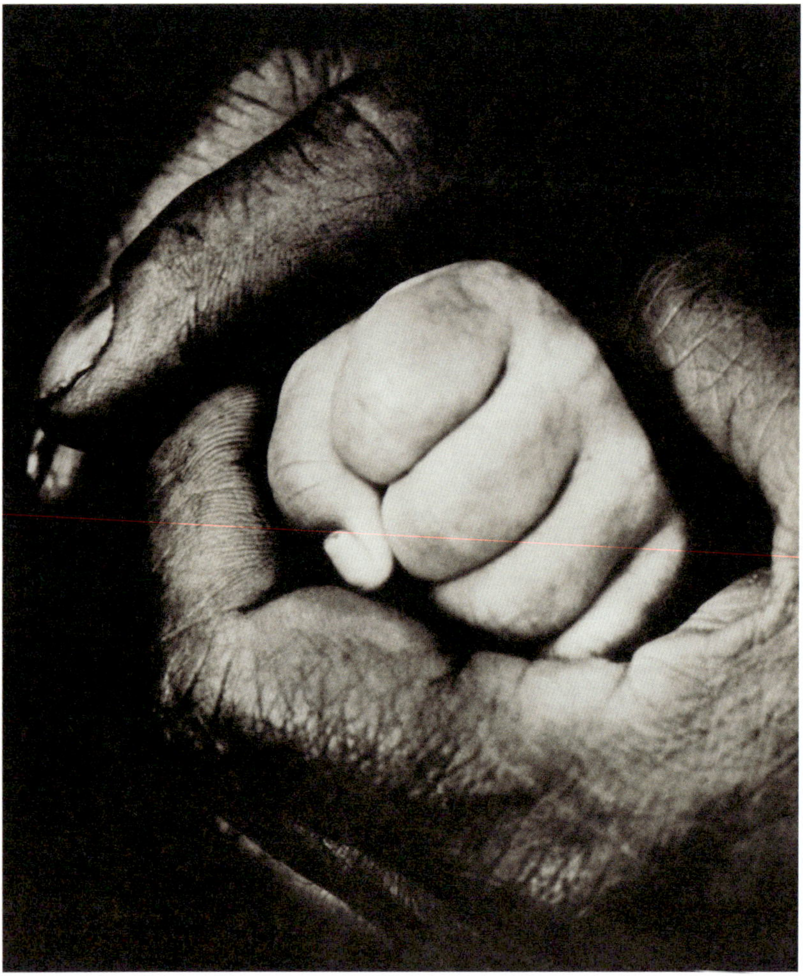

《无题》（1963）

危地马拉的几千名山民甚至打着赤脚成群结队地下山观看这个展览。

据索德克说，这个展览因为“捷共不喜欢”而没有能够巡回到捷克斯洛伐克展出。不过，在1956年，官方摄影杂志《捷克斯洛伐克摄影》还是发表了正面评价这个展览的文章。[3]这反映了在当时的捷克斯洛伐克，对于这个展览，意识形态主管当局与专业摄影杂志之间，在观点上还是存在着某种认识差异。

尽管这个展览以圣经中的“上帝说要有光”的句子开篇，试图给出一个摄影的普遍性基石，那就是因了上帝给出的光，摄影才有了观看人类生活的可能。但是，这个展览的浪漫乐观的影像并没有确切地反映当时冷战下的世界真相，反而令人陷于一种空洞的“人类一家”的幻觉之中。

回头来看，虽然这个展览在对于世界局势与人类境况的判断上，因展现出过分的乐观而具有了明显的局限，但其对于生活、生命和人类普遍价值的讴歌与赞美，以及成熟的摄影表现，仍然作为一种摄影的基本美学标准与手法而吸引了世界各国的许多摄影家跟从之。身处捷克斯洛伐克治下的索德克也是其中之一。从某种意义上说，处在极权压制下的索德克，创作讴歌人性与人道的摄影，这件事本身就是一种对于压制人性的强烈抗议。

虽然想要以摄影来表达自己对于生活的感受，但由于工作职责的关系，索德克无法自由地安排自己的时间。因此，作为一个摄影爱好者，利用业余时间拍摄自己的亲人就成了一件顺理成章的事。妻子、儿女，成了他主要的拍摄对象。

《在家的第一天》（1963）与《拥抱》（1963）这两张照片，虽然表现的是女性生育这个普遍的事实，但对于母子双方，都有各自的生命意义。对于新生儿，这是有关新生命诞生的照片，而对于母亲，则是有关她孕育生命并且成为母亲的照片。

拍摄于1964年的《在路上》，以低角度仰视手牵手的父子两人的背影。我们看到，小男孩的人生道路，在他父亲的牵引下将渐渐地展开。索德克的这张照片也令人联想到伟大的美国人道主义摄影家尤金·史密斯拍摄的他的两个孩子向密林深处走去的照片《走向天堂的乐园》。可以看出，尤金·史密斯的影响，

---

3 Vladimír Birgus and Jan Mičoch, *Czech Photography of the 20th Century*, KANT, Prague, 2010, P368.

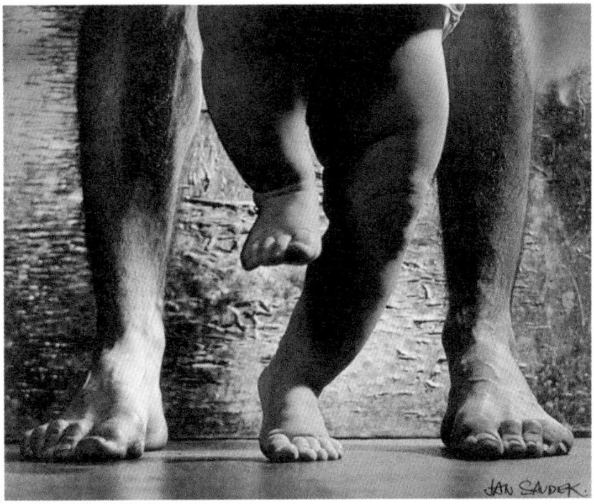

《第一步》（1963）

《童年》（1973）

在索德克的早期摄影中体现得相当明显。

那张最为人熟知的、被索德克称为自己一生中最好的五张照片之一的《生命》（1966），是他以摄影的方式对于生命所表达的最高礼赞。在这张照片中，他已经将强弱对比这个手法运用到了极致。这张照片中的强弱对比，暗示了一种转化的可能。强意味着抵达顶峰，此后就可能会走向衰落；而弱，虽然在强面前暂时显得弱小，但同时意味着有发展壮大的空间，后来居上并且由弱变强。因此，他运用强弱对比这个手法，其实是为了更好地探讨生命的辩证法。

此后，在如《第一步》（1963）、《童年》（1973）等照片中，索德克仍然以对比的手法将儿童与成年人的关系作了进一步的展现。而且，在这种展现中，索德克还呈现了儿童的复杂心理。比如，在《童年》中，紧紧抓住成人（父亲？）裤脚管的幼儿，其表情惊恐不安，但成人的粗壮的腿似乎足以给他某种安全感。

从这些儿童题材的照片看，索德克是一个当之无愧的儿童摄影大师。作为一个自豪的父亲，他以拍摄自己孩子的肖像来表达一种亲子之爱。同时，这也是一种他个人对于生命的礼赞形式。

真正意义上的儿童摄影，其实并非只是表现儿童的可爱。在视觉作品中只是呈现儿童的可爱一面，对于理解处于人生最初阶段的儿童心理显然太过简单，也太肤浅。但是，这已经成为了以儿童为题材的视觉艺术作品的常态。在那样的儿童摄影作品中，摄影家所表现出来的可爱，有时显得廉价甚至庸俗。这除了证明摄影家对于人与人性缺乏深入的思考之外，也证明存在于大量观众心理上的对于儿童的某种审美定势。但是，作为个体生命成长的最初阶段，童年阶段是人性开始发展、个性逐渐确立，并且在复杂的生活中经受来自社会生活各个方面的考验的阶段。也因为有了各种各样的考验，儿童的人性才得以逐步发育、丰富、复杂起来。因此，童年影像的拍摄，应该是能够给出某种有关人性起步阶段的丰富性与复杂性的具有某种启发性的图像。《大卫，永恒的孤独》（1969）、《清晨》（1971）等，就是索德克的儿童摄影作品中展示童年生活的丰富性与复杂性的杰作。

《大卫，永恒的孤独》以俯视的视角，将孤单的孩子置于荒凉的环境之中。广袤的环境中，一个孩子在被无数车轮辗压过的大路上前行，手里的提包甚至

《清晨》（1971）

和他的身躯差不多大。不远处，一辆汽车似乎马上就要开上路面。天空乌云密布，一座几乎成为了剪影的屋子孤零零地坐落于路边，一排冷漠的电线杆向远处绵延而去。而所有这一切，似乎都与这个孩子无关。摄影家在画面中只是给出他弱小的背影，我们也无从了解他置身于这样的环境中的表情。处于险恶环境中的儿童的孤独与脆弱，被索德克以元素如此丰富的画面展现了出来。

而在《清晨》中，一个坐在床上、双手抱膝盖的男孩，面对窗外的大好阳光，却没有欣喜之情，反而陷入沉思之中。从小男孩身处的室内环境看，其舒适程度正与《大卫，永恒的孤独》中的严峻险恶相反，但他却没有人们通常所期待的喜悦表情。男孩的表情，有着几乎与他年纪不般配的凝重。当然，我的阐释本身已经隐含了误读的可能，为什么孩子有沉思的表情就与他的年纪“不般配”？而索德克的这两张照片，显然在对于何为儿童、如何呈现儿童这方面给出了他自己的独特看法。

从对于索德克以上作品的分析，可以发现，他起步阶段的摄影，虽然明显受到了《人类一家》中的摄影作品的影响，但他仍然能够忠于自己的真实感受，基于他个人的生活经验与生命体验展开创作，从而形成了自己的独特面目。从手法上看，我们也可以认为，他已经掌握了如何让拍摄对象根据拍摄者的想法来演出的技巧。这种“执导式”手法，在他后来的摄影中成为了主要的创作方式。

通过展现儿童的复杂性来赞美生命、讴歌亲情，并进而思考生命的意义，可以被认为是索德克摄影的第一阶段。在这个阶段，经过严格的专业摄影训练的他，显示出了他对于摄影这个视觉表现手段已经有了全面的理解，并且能够恰到好处地运用各种技法来展开富于个性的表达。他已经充分掌握了摄影这个视觉手段的各种语汇，对于如何以摄影来呈现自己的精神诉求已经了然于心，并且在技术上到达了可以随心所欲的境界。接下来，他面临的问题就是，如何突破自己这种富于人文关怀情绪的摄影，开拓新的精神面向。

在谈到索德克的“人类一家”式的摄影时，达尼埃拉·莫拉兹柯娃有这样的一段话来总结：“索德克的创作于 20 世纪六七十年代，这段时间里他的主要拍摄对象是他的家族与他自己，歌颂父性、母性、童心，当然还有爱的圣歌，拥有高度个人情感经验的深度，而且极其亲切。生命创造的魔术在这里占据了

《大卫，永恒的孤独》（1969）

一个特别的角色。按照他的性欲的概念。作为生命的给予者的女性，作为母亲的女性，具有一种重要的意义。这不仅仅适用于他拍摄的在母亲怀抱中的儿童的照片，也适用于总体来说是潜在的母亲的女性。在索德克的处理中，即使是一个儿童，他作为爱的果实，也是被包裹于爱的情色概念的魔术当中。这就是索德克的充满了浪漫主义与悲悯的‘人类一家’影像，对于所有年龄的人群来说，都是这么鼓舞人心，如此地超越时间的原因所在。”[4]

不过，《人类一家》这个带给索德克重要冲击的摄影展览会，就在其展出当时，已经有人对其显露出来的倾向不以为然。比如，法国符号学者、社会学家罗兰·巴特（Roland Barthes，1915—1980）。在《人类的大家庭》一文中，巴特揭露了展览想以照片制造“普遍性”神话与幻象的意图。他指出，这个展览“至少这是暗示每个人的内在都有一个相同的‘本性’，他们的分歧只是形式上的，并没有掩饰共同形状的存在”。巴特还说：“因此我非常担心，这整个亚当主义的最终正当化，只是要给这个世界的无所变动一个‘智慧’及‘一道抒情诗’的理由，其结果只使得人的姿势看起来如此不朽，且更容易解除武装。”[5]巴特的疑虑不无道理。在这个“充分的道德化与滥情”（巴特语）的展览会上，白人中心的人道主义，恐怕被看似无所不能的摄影简约成为一种对于细节与瞬间的恋物癖式的视觉把戏，并以此取代对于纷繁现实的更深入的思考与忧虑。其实，摄影包罗万象的宏大叙事，在显示出无畏无知的野心的同时，也充分暴露了摄影的傲慢与局限。

而值得重视的是，索德克的摄影，没有一直停留在创作如《人类一家》式照片的状态中。逐渐地，他开始有了自己新的主题与取向。

二 索德克的创作环境——来自安布洛兹的证言

为了帮助读者更好地了解本书主人公索德克从事摄影的环境，笔者于 2014

---

4 Daniela Mrázková, *Saudek*, Taschen, Koln, 2006, P21.

5 罗兰·巴特：《神话——大众文化诠释》，许蔷蔷、许绮玲译，上海人民出版社，1999年，第145—148页。

年 8 月 11 日在布拉格专门采访了捷克美术史家、评论家米洛斯拉夫·安布洛兹（Miroslav Ambroz）先生。希望读者能够通过安布洛兹先生的讲述，了解他与他的朋友索德克所共同经历的那个时代的摄影环境与氛围。

本次采访由捷克驻华使馆文化参赞马金先生翻译，在此深表感谢。

需要指出的是，索德克的摄影创作中最为关键的时段是在捷克斯洛伐克属于苏联阵营时期。因此，这里所要提示的“捷克斯洛伐克的摄影环境”，主要指的就是这段时期。至于苏联阵营崩溃之后的有关捷克摄影环境的信息，大家如果有兴趣，相信可以通过各种渠道比较方便地获得。

顾铮（以下称顾）：请问你最早是在什么时候见到索德克先生的？

安布洛兹（以下称安）：1973 年，在布拉格齐什柯夫的地下室里我第一次见到扬。那里是工人区。地下室里的墙壁颜色很深。我当时还是摄影家，进去后发现那里是那么的黑暗，心中疑虑这种光线条件下他是怎么来摄影的。后来知道他是摄影专业出身，在弱光下拍摄照片对于他没有问题。

顾：请你描述一下当时捷克斯洛伐克的摄影环境与生态。

安：从摄影材料来看，我们当时都使用捷克斯洛伐克国内生产的摄影材料。那时为摄影爱好者生产的胶卷，质量非常好，如 FOMA、NEOBROM 等牌子。NEOBROM 是在我们国家的第二大城市布尔诺生产的。这家公司专门做摄影感光材料，它的历史像德国的 AGFA 胶卷那样悠久。当时捷克斯洛伐克的摄影爱好者非常多，所以人们对于摄影材料的需求很大。

顾：当时捷克也有生产自己的照相机？

安：当然有的。如 OPEMVS，FUEXARET 等，都是 6×6 厘米画幅的照相机，成像质量很好。放大照片的放大机也有捷克斯洛伐克生产的，如 OPEMA。MAGNIFAX 是家只做放大机的工厂。我们还能生产间谍照相机。这些公司早在第二次世界大战前就都已经存在了。

顾：你第一次见到索德克的作品是什么时候？

安：当时很多人参加摄影俱乐部，也有机会做些展览，但多是作为业余爱好来参加摄影活动。我就是那时候在布尔诺举办的捷克斯洛伐克摄影展上看到了索德克的作品的。当时这个展览只展出了他的两张照片，但却给了我很大的冲击。我非常喜欢他的作品。我当时 16 岁。索德克当时只能参加群展，不能举办个展。扬的专业是翻拍照片，工作单位是印刷公司，得每天上班。

顾：你在这个展览上看到的是哪两张照片，还记得吗？

安：我记得其中一张照片是拍摄了一个小孩，他背靠着墙，表情有点奇怪。这张照片所散发的气息与展览上的其他照片完全不一样。我因此才想要与索德克见面。他哥哥卡莱尔是做动画电影的，他的作品我也非常喜欢。现在卡莱尔成了植物人了。1960 年捷克斯洛伐克兴起了电影新浪潮运动，卡莱尔也参与了两部电影，他是以动画的方式加入，因此很有名。那是苏联入侵之前的事。

顾：当时你们通过什么渠道接受国外的摄影信息？

安：在我接触到扬的作品的 1973 年，我们无法接触到西方的摄影资讯与材料。但因为我当时是学美术的学生，因此可以去图书馆看图书馆专门订购的国外杂志等。那里甚至还有日本的《每日摄影》（カメラ每日）杂志。我在那杂志上看到过细江英公的作品，觉得他的作品与索德克的作品有某种类似之处。捷克人把 20 世纪 70 年代称为“正常化时期”，那是个很僵化的时期。文化方面也同样保守，扔掉了许多捷克的书，图书馆里有这类禁书的黑名单。不过，当时的人们就以传抄的方式来传阅，用打字机传抄。因为 20 世纪 60 年代有一段时期很自由，因此 1970 年代的“正常化时期”也不可能一下子收得很紧。

索德克的运气还好，因为在 1968 年“布拉格之春”之后他还有机会去美国，因此在国外建立了一些关系，可以在国外做展览与发表作品。

顾：大家知道索德克当时受到秘密警察的监视，你与他交往有没有恐惧？

安：从整体看，我感觉到有人在监视索德克。后来我在布尔诺被秘密警察叫去做笔录，他们问过我认识哪些人。不过我当时交往的人太多，因此我觉得他们传唤我并非是因为我与索德克有来往的缘故。

对了，你知道捷克画家阿尔方斯·穆哈吗？

顾：他是捷克伟大的平面设计师与画家。

安：我认识他的儿子依日·穆哈（Jiri Mucha）。他是一个记者，也是一个作家。他当时在捷克国内不能出书，可能是因为，“二战”时他在伦敦做过战地记者。他的交游非常广阔，海外关系非常复杂。依日长期在国外生活，去过许多国家，后来在捷克的监狱里写过关于自己经历的书，也写过有关20世纪60年代纽约生活的书。这样的人在当时当然会被关注。他在20世纪50年代遭到清洗，被关了8年。依日后来被放出来后去了美国。他与美国波普艺术家安迪·沃霍尔等相识。20世纪50年代的这种迫害一直延续到20世纪60年代。我与依日认识，可能也是因此受到秘密警察的关注。今天告诉你这些，是希望能够帮助你了解索德克所处的时代环境。

顾：谢谢！

作为对于安布洛兹的采访的补充，在此再引用一些由捷克摄影史家撰写的文字以为读者参考。

以下这段引用来自于《身份的摄影起源——捷克摄影的记忆》（*The Photogeny of Identity: The Memory of Czech Photography*）一书，或许可以帮助我们大致了解当时捷克斯洛伐克摄影的情况。

宣传月刊《新摄影》（*Nova fotografie*）第一卷12月号宣称，“对于所有摄影活动的监督归于信息与公众启蒙部……以及全国委员会的公共教育团体。”向该部直接负责的组织“捷克斯洛伐克社会主义摄影联盟”则强调他们的如下要求：“社会主义现实主义对于一件艺术作品有三个要求：它要满足其社会功能，要包含社会主义观念，而且要具有与其内容完全一致的高超的、现实主义的、审美真实的以及有效的形式。”以这种方式能够表达思想内容的摄影才是艺术。

如果做不到这点，它就不能被认为是艺术。为了最大程度地与这一要求保持一致，《新摄影》月刊甚至连风景摄影也不重视，更不要说人体摄影与实验摄影了。这个人为建立起来的、因此死气沉沉的“社会主义摄影联盟”还有另外一个名称非常特别的组织，捷克斯洛伐克视觉艺术家联盟摄影部。这个组织更像是一批“专业”人士的行会，他们有持有公司的特权。它任命一个委员会，有权决定提交作品的质量是否过关，并且因此控制了对于委托作品的评估。考虑到这些禁止公开竞争的奇怪条件，这个组织实际上成为了特权者保护他们利益，换句话说封杀任何竞争的一种手段。[6]

而在《索德克》一书中，作者达尼埃拉·莫拉兹柯娃（Daniela Mrázková）是这样描述捷克斯洛伐克的摄影环境的：

在20世纪60年代的捷克斯洛伐克，摄影俱乐部很兴隆：成立了一些艺术摄影团体，也有摄影比赛，作品在国际性展览里被集中展出，出版有两份摄影杂志，其他的期刊，包括《新文学》、《文化》、《火焰》、《文化创作》、《苏维埃文学》等也给出对于摄影的前所未有的关注，设在布拉格的表演艺术学院里的电影学院也设立了摄影系。可是索德克完全脱离这些团体。他孤单一人。他是一个太过分的局外人，不参与当时任何知识上的或风格上的潮流，也因此加深了人们对于他的不信任与厌恶。那几乎是敌对状态。在经过了几次胆怯的尝试后，他不再寻找其他摄影家同道了。[7]

显然，作为一个有勇气与胆量自外于所谓的组织、群体与同道的人，他必须以某种东西为后盾。在索德克，这种东西或许就是他的摄影才华，以及他对于自己的摄影的充分信心。

---

6 Josef Moucha(ed.), *The Photogeny of Identity: The Memory of Czech Photography*, KANT and Prague House of Photography, Prague, 2006, P346.

7 Daniela Mrázková, *Saudek*, Taschen, Koln, 2006, P27.

《挂在伏特加上的社交生活与黑色眼睛》（1969）

第三章

生命剧场

来自地下室的照片

一 归来，与祖国共命运

1969 年，索德克有一次美国之行。在美国印第安那大学布鲁明顿校区，他举办了一个个展。观众的热烈反应令他受到了很大鼓励。在访问美国期间，他走访了纽约、印第安那、伊利诺、明尼苏达等地。而与芝加哥美术馆的摄影策展人休・爱德华兹（Hugh Edwards）会面令他收获最大。因为爱德华兹这位最早向美国公众推出了如罗伯特・弗兰克（Robert Frank）、杜安・迈可斯（Duane Michals）这样优秀摄影家的策展人，对索德克的摄影大加鼓励，令索德克对自己的摄影更加充满信心。

他的这次访美，时在“布拉格之春”遭受苏联坦克镇压之后。因此，访问结束后他面临了是否回国的抉择。不过，与“布拉格之春”后许多捷克知识分子与艺术家主动或被动地离开国家、走上流亡道路不同，索德克还是决定回来。

或许，索德克是在以这种方式与自己受难中的祖国共命运。

从美国回来后，索德克面临了新的社会形势。经历了1968年的“布拉格之春”，捷克斯洛伐克国家与社会陷入了一种严重倒退的状态。“布拉格之春”被以武力弹压后，随之而来的是持续了十多年的“正常化”。

所谓“正常化”，其实就是对于之前的一系列改革举措的反攻倒算。在思想文化领域里，“正常化”意味着人们短暂获得的创作自由化为了乌有。“审查制度的重新引入带来对报纸、广播和电视更严密的政府控制，改革者发起的出版物也被禁止。”[1]“作为党和社会清洗的一部分，未经许可的学生团体或组织，如索科尔和十字军，再一次被禁止。数千名教育工作者、学者、科学家、记者、广播媒体的成员和其他人失去了工作，艺术家和作家面临展览、演出和出版的禁令。”[2]顺便说一下，索科尔（猎鹰）和十字军都是1948年捷共上台之前的旧时代组织。在这样的严峻形势下，许多捷克斯洛伐克的优秀文艺创作人才纷纷选择了流亡西方。

而捷克作家、在1989年“天鹅绒革命”后出任总统的瓦茨拉夫·哈维尔，对于20世纪70年代的评价是：“在捷克斯洛伐克，70年代甚至也许是更黑暗的。在苏联出兵干涉及其破坏性的后果里，胡萨克取代了杜布切克，开始了一段长时间的垂死沉默。新的统治阶级，事实上与旧日的统治者一样，迅速推出并且贯彻所有那些曾经施行的清洗、禁严与清算政策。一个筋疲力尽的社会，迅速习惯了这样的事实，那就是曾经宣称永不会再发生的事情如今再次成为了可能，一个经常露出假面具并已成为了笑柄的荒谬权力再一次实施统治。人们退回自身，并且停止谈论公共事务。一个冷漠广泛蔓延的道德败坏的时代开始了，那是晦暗的、极权主义的时代。社会被原子化，抵抗的小岛都被摧毁，失望与筋疲力尽的公众装作没有注意到这些。独立思考与创造后退到了深深的私密的壕沟里。”[3]在此需要对商业色彩非常浓厚的“用户至上主义”稍作解释。在“布拉格之春”后，新政权意识到人民的严重不满，因此尽量满足人民（他们眼中的“用

1　威廉·M·马奥尼著：《捷克和斯洛伐克史》，陈静译，中国出版集团东方出版中心，2013年，第220页。

2　同上，第231页。

3　Václav Havel, *Disturbing the Peace: A Conversation with Karel Hvizdala*, Vintage Books, New York, 1990, P119—120.

户”）物质生活的要求，以此来换取“用户们”对于公共政治事务的沉默。结果，经过当权局自以为得计的盘算，对人民物质要求的满足，从统治者的义务变成了他们收买人民的条件。但是，从后来的结果看，这样的盘算只能得逞于一时而无法得逞于永远。

创作正处于上升势头中的索德克所面临的创作环境，当然也因发生在自己祖国的“正常化”过程而发生了新的变化。不过，外部严峻的形势，或许更可以让他以自己独有的方式沉潜下来，创作出更具特色的作品来。

二 地下室生活

与此同时，他的个人生活也发生了重大变化。1970年，他与妻子玛丽埃分手。他们两人于1958年结婚，育有两个男孩，萨缪尔与大卫。感情生活的变化，对他的艺术创作不会没有影响。他的创作也因此而面临着新的突破。

受到感情重创的索德克，栖身于布拉格郊外工人区齐什柯夫的一所地下室。这里名副其实地成为了他身心两方面的避难所。在1971年的某一天，他豁然开朗地发现，被自己当做摄影棚的地下室的墙壁，正是一个绝佳的创作背景。

索德克后来回顾说：“夜以继日地，我听着该死的石膏从湿墙上脱落的声音。我在那儿住了七年，拍摄夜间能见到的每一个人。20世纪70年代初，纯美出现了，发现、孕育、遗弃以及被描绘，这都是我做的。”[4] 顺便说一下，索德克当时在工厂里的工作时间是从早上六点到下午三点。因此，属于他自己的拍摄工作，基本上是从每天的傍晚开始。从1971年起，他频频以这面肌理丰富的墙壁为背景，创作了大量令人难忘的作品，并且形成了自己摄影新的鲜明特色。

单纯从摄影手法的角度看，索德克看中这面墙壁作摄影的背景，似乎与从视觉效果来增强照片的表现力有关。从视觉传播的角度看，图像创作的最基本问题之一是“图”与“底”的关系的处理。这面不请自来的墙壁，为他的摄影提供了千载难逢的“底”。接下来就看他给这个“底”配上什么样的“图”了。

---

4 转引自《Lens杂志》，2013年8月号，第122页。

《伟大的文森特的颂词》（1989）

这个“图”，就是索德克照片中的男女裸体形象。

而他告诉人们选择这面墙的理由是因为水的洇渗，地下室的墙面因潮湿而变得调子深重，也因为水的侵蚀而使得墙壁变得斑驳不平，墙面的肌理因此变得非常复杂。对于他这个对视觉效果敏锐非常的摄影家来说，这是求之不得的摄影背景，而且是一个“得来全不费功夫”的背景。因为欧洲人肌肤偏白，以深色的背景衬托之，视觉效果之好不言而喻。还因为在照片中看起来，作为缩小了的影像被呈现出来的欧洲人的皮肤显得光滑细腻，如果在拍摄时配之以粗糙甚至粗砺的背景，更会产生一种特别理想的反差效果。

当然，除了视觉效果之外，地下室的墙壁还赋予了他的摄影以崭新的意象。地下室所具有的幽闭性，象征了严酷时代的牢笼。而那扇对开的窗子，却又象征了地下室居住者对于自由的向往与想象。索德克在下班后把自己关在这地下室里，以破损斑驳的墙壁为舞台背景，开始导演一出出他经历过的与想象中的人生戏剧。这面墙壁，以浑然天成的自然风化的方式，将捷克民族所经历的千年创伤与痛苦，不着痕迹地镌刻其中，就等待有人以此为背景展开有声有色的深入描绘。由索德克在摄影中所导演、演出的人类悲欢，就在这面墙壁前徐徐展开。一头扎进那用地下室改造成的影室里，索德克蓦然发现生命的本质可以在摄影中得到最具戏剧性的表现。而他自己曾经徘徊于死亡边缘的苦难经验，更使他的影像带上了一种浓郁的悲剧色彩。但是，以这种悲剧色彩为底色的索德克的人体摄影作品，反而将他对生命的挚爱与乐观映衬得分外夺目。

三 作为画布的地下室窗口

由于高超的暗房技巧，索德克还令地下室的窗口成为了一个展示摄影家丰富内心想象的屏幕。他对于这面窗子有过如下的描述：“我无数次地站在这扇窗子前面，鸟儿在天空不断地飞过，老天才知道它们飞到哪里去了。一片彩云，令人猛然想到是一片急速移动的奶油，在那里漂移，月亮圆了，但片刻之间就成了一把细细的镰刀，一架飞机匆匆赶往它那梦幻的目的地。这地上的一扇窗！我可能是在做梦。不，——我千真万确地是在做梦！我的地下室窗子把我引到一个样子肮脏的深井，——有好多年我盯着这面潮湿、碎裂的墙壁，然后有一次，我发现了自由并且爬出了那个小巢，我以一双欣喜若狂的眼睛，看到了所有我梦想过的东西……”[5]

于是，在暗房高手索德克的巧手摆弄下，这面窗子外面的景象开始变幻无穷，成为了披露他对于生活与个人自由的想象的屏幕与画布。窗外，有时是象征自由的白云，有时是一弯银月当空的璀璨星汉，有时是地板上的女子的梦中世界，有时是无法突破的绝望的墙壁。而窗外窗内所形成的两个世界的种种强烈对比，更强化了他所导演的各种人生的戏剧性。在这里我想再次提醒各位，突出对比从来就是索德克的拿手好戏。窗口外的世界，有时是一种不可能抵达的空间，而有的时候则是将窗外的世界与地下室内部空间联系起来的桥梁。在地下室里的人们，有时挣扎，有时甚至绝望，但在他们的身后或身边，在他们表演着各种人间故事的同时，总是有这么一扇窗子，在提示希望与可能。

对于一直于绘画念念不忘的索德克来说，这面窗子其实是一块画布。除了拍摄在窗子下面行动的人体之外，索德克还能在窗子这面“空白”上，根据创作的需要变换各种窗景，以形成与窗下人们的生活相对比的情景。这是他在以摄影的方式进行一种类似绘画的活动。同时，这面窗子也是他大肆施展自己暗房绝活的广阔天地。

在索德克这里，这种执导式的拍摄，因为他所处的特殊环境，以及因势利导、因陋就简地利用地下室的现有条件，而得以实现。这也是一个处于恶劣生存环境下的摄影家，如何化劣势为优势，以最低成本来实现最佳表现效果的成功例子。

地下室时代的索德克所拥有的摄影器材非常简陋。他手里只有一台老式双镜头反光相机。创作使用的胶卷与照相纸既有国产的，也有进口，有什么就用什么。具有讽刺意味的是，曾经位列世界先进工业十国之一的捷克，却渐渐地在摄影器材方面落后于外部世界。不过，对于索德克的摄影来说，这些摄影器材与感光材料，虽然在品质上比国外资本主义国家的材料稍逊一筹，但并不影响他的表现。他甚至有能力把这些技术上的“劣势”，顺势而为地转化甚至彰

5 Daniela Mrázková, *Saudek*, Taschen, Koln, 2006.

显为一种“此曲只应天上有”的优势。当然，他也经常依赖他的朋友与他作品的爱好者给他从国外偷运进来一些胶卷与相纸，以维持自己的创作。但是，从根本上说，物质上的匮乏并没有影响到他作品丰富内含的表达。

在索德克这里，物质的贫瘠并不意味精神的贫乏。物质上的匮乏，只是让他的人体作品在外观上显得不及西方摄影作品的华丽与精致，但这种粗砺恰恰足以承载一种独特的精神性，它既是严峻的现实条件下一个无奈的结果，同时更是一种由奔放的生命激情所刺激与激励的结果。这是一种真挚的粗率，是对囚禁生命、压迫自然的一种主动积极的反抗，直接而又粗犷，反而更具有生命力。

索德克在这个地下室里生活了七年之久。一下班，从机械单调的工作岗位上回到这里，索德克马上就将自己关闭在地下室里，让自己处在一种孤绝的状态中以构想和创作。吊诡的是，空间越是幽闭，气氛越是沉闷，却越是能够打开他的想象力。在这个墙面斑驳、阴暗潮湿的密室中，索德克像一个抒情诗人，凭借进入地下室的微弱光线或他设定的人工灯光，以他特有的影调布置与手工着色的色彩，用人体谱出了一曲曲渴望光明、自由与爱情的生命之歌。他从地下发出声声来自生命根源的引颈长啸与放声大笑。索德克被压抑的生命情欲，在这个地下空间中得到最大可能的释放。他将这个看似束缚人性的地下室，一变而为尽情展示人性的舞台与剧场。他将这个封闭的空间，因陋就简地改造成了膜拜人性自由的祭坛。当然，这里也是收容他的被放逐的自我精神与肉体的庇护所。索德克的地下室作品，既反映出一种高压下的苦恼与沉闷，也展现了一种不屈与坚毅。他栖身于地下室，在与世隔绝中以自己的人体影像来吟唱自己对自由的梦想，咀嚼、体会欲望的痛苦与煎熬，以此为精神养料，并且最终打造出唯他独有的风格来。他是一个在幽暗中嘶鸣，在一种现实与自然的双重黑暗中展开创作的摄影家。

四 “地下”的意义

尽管索德克以风格鲜明的“地下室摄影”走向了世界，但他在国内的“地下”境遇一无改善。而且，他也对此安之若素。“捷克官方与斯洛伐克艺术家联盟尽可能地无视他，其他官方机构也是如此；而且，必须得说，拜他害怕来自公众的反应所赐，在某种程度上，索德克能设法生活在一种相对孤立的状态里。'是的，这情况很奇怪。有一次我在布拉格的法国大使馆里碰到了艺术家阿德里安娜·西莫托娃，她大惊失色地说：索德克先生，你在这里干什么？你不是生活在巴黎吗？而其他人则认为我生活在瑞士，而且我不是 FBI 的就是 CIA 的间谍。或者说我死了好久了。很多年前，有人请我去德国弗莱堡开会，让我作为一个讨论版块的成员出席，可我们的文化部长告诉他们，没有我这个人。'"[6]

诚如捷克文学史研究者蒋承俊所言：经历了 1968 年"布拉格之春"的狂风暴雨后，"20 世纪 70 年代初的捷克文学被分成三股相对独立的潮流，即三个'ghetto'：官方文学、地下文学和流亡文学。这三者相互联系，相互影响以及发生变化、转变是这个时期捷克文学的特点。"[7] 这里所谓的"ghetto"，是指具有相同属性，主要是民族性相同的人们在城市中聚居的地域。蒋承俊对此的解释是："城市中的犹太人区、少数民族的集中居住区或黑人区。"[8] 这样的"三分法"虽然可以用于文学上的概括，但是否可以不加检讨地简单套用到对于捷克摄影史的描述上，值得以更加谨慎的态度加以考虑。

但事实上，"布拉格之春"之后，官方、地下和流亡三种创作形式并存，也在一定程度上适用于对当时捷克斯洛伐克摄影的描述，只是这三个方面的规模，似乎难以如文学领域那样，可以构成某种分庭抗礼、"三分天下"的局面。而且，这三个方面由于没有构成相当体量，因此几不可能如文学那样三方面发生某种相互影响。

在当时的捷克斯洛伐克，官方摄影当然存在，而且可能因了权力的支持而人多势众，在表面上看上去声势浩大。而流亡摄影也并非没有。如今蜚声国际的约瑟夫·寇德卡（Josef Koudelka，1938— ），伏伊塔·杜卡德（Vojta Dukát，1947— ）等人，就都是在 1968 年的"布拉格之春"后，面临各种压力无奈出走的。寇德卡来到了法国，后于 1987 年成为法国公民。而杜卡德则到了荷兰。至

---

6 Daniela Mrázková, *Saudek*, Taschen, Koln, 2006, P15.

7 蒋承俊：《捷克文学史》，上海外语教育出版社，2006年，第365页。

8 同上，第365页。

于捷克斯洛伐克境内的具有某种抵抗意义与形态的“地下”摄影，就更为可怜，或许只有索德克、提希等极少数人处于一种“地下”的状态。按照目前可考的资料来看，情况似乎就是如此。因此，在“地下”的意义上，索德克的地下室，巧而又巧地成为了那个时代的一种隐喻。而他的地下室摄影，又不期然地成为了一个处于特定时代情景中的捷克摄影家，对于时代所发出的自我宣言。

如果说索德克之前的摄影作品是一种“人类之家”式作品在题材上的延伸与视觉强度上的再强化，那么 1971 年之后，从索德克的地下室向世界不断送出的许多摄影作品，则向世界展现了索德克这一个独特个体独树一帜的艺术追求。

也许以哈维尔在上文中所说的“深深的私密”（deep privacy）来形容索德克的 20 世纪 70 年代的“地下室摄影”，是再恰当也没有了。索德克的“深深的私密的壕沟”（哈维尔语），就是他那后来闻名天下的地下室。他的“深深的私密”，是孤独的、弱小的个体在黑暗时代中所展现出来的真正的自我。他与地下室的邂逅，虽然是一个巧合，但他在此所展开的创作，则是个体独立前提之下的向“深深的私密”的主动撤退，也是有原则的撤退。而后来的历史将会发现，从众的、热闹的、没有主体性的，因而也是毫无个体尊严的所谓“创作”，最终将与这个特殊的时代无缘，而且也无法为这个时代作出有益的历史与文化贡献。

《黑色眼泪》（1973）

第四章

欲望、爱与生死

一 展现人间爱恨情仇

诚如达尼埃拉·莫拉兹柯娃（Daniela Mrázková）在长文《从感官认知到的扬·索德克》开篇所说：“毫无疑问，扬·索德克是捷克摄影史上最具挑衅性的人物。或者说，至少在我，不知道还有哪个摄影家像他那样既伴随着几乎是崇拜的赞美，同时又承受着近似于非难的厌恶。他被奉承，遭摒弃，被赞颂，被鄙视，受欢呼与被忽视。原因何在？因为扬·索德克挑衅。以一切方式。他看的方式，他行动的方式，他谈话的方式，甚至他那有着舞者风范的走路方式。他以他的丑角方式以及故意卖弄的情色来挑衅。他散发奇怪的焦虑，一旦陷入他的活跃的辐射光线，我们就无法逃脱。他以一种将温柔与暴力、传统与奢华、抒情与讥讽、浪漫主义与猥亵的混合物吸纳我们。女人，通常是充满魅力的，因为她们变得无力，希望让她们自身被拖入他的游戏的魔幻世界里。男人通常并不轻松，然后，受鼓惑或充满了仇恨，因为他们也是无力的。”[1]

---

1 Daniela Mrázková, *Saudek*, Taschen, Koln, 2006, P13.

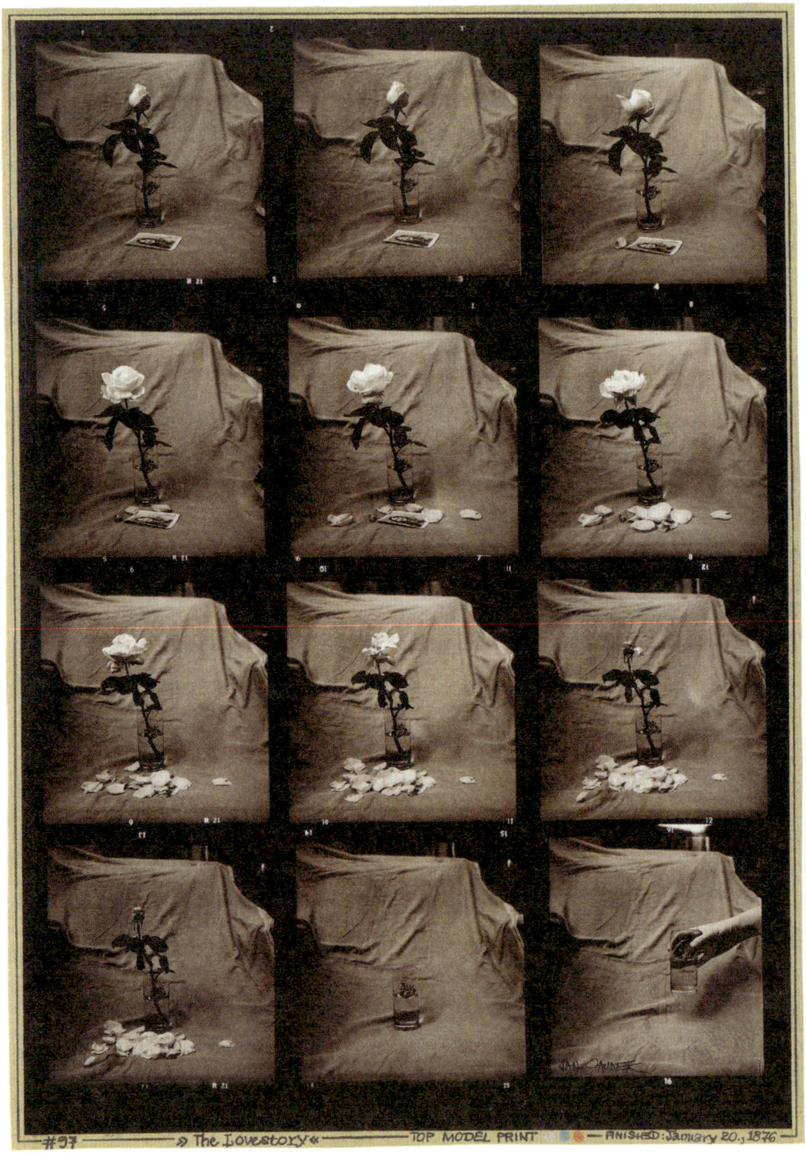

《爱情故事》拼图（1974）

在索德克的摄影作品中，爱经常是以男女间的相互关系表现出来。这样的爱，并非简单的两情相悦。他赋予爱以各种不同的复杂形态，并且试图告诉人们，爱的复杂正如同人的复杂一样。这样的爱，既有爱情，也有因爱而生的恨，以及爱的悲剧等。

比如,《黎明》(1979),是一个包括五张照片的摄影系列,讲述一个女性因失恋而自尽的故事。系列中的前四幅,试图展示这个女子自杀前的心理状态;而故事的重心则在最后一幅。画面中,阴暗的室内(那是索德克的著名的地下室,人们可以从窗子等迅速确认),经过一番心理挣扎后的女子最终上吊自尽了。而窗外,拂晓的晨光中,一个男人意气风发地迈着大步经过窗口。人们马上会产生的联想是,他轻松地抛开了过去走向了新生活。通过这幅照片,索德克可能想要传达这样的信息:爱情是脆弱的,而且爱是可以如此轻易地被忘记。

又比如，在《神圣的婚姻》（1987）中，既有骑在女人身上的男人在挥起斧头砍向女人，也有骑在男人身上的女人在挥起斧头向男人砍去。这或许是为了防止性别偏颇而采取的平衡策略，但即使是一种策略，至少在表面上，也还是让我们看到了男女关系的多种可能性与想象。人类活剧，尤其是在一种特殊的政治气氛下通过爱所表现的人的爱恨情仇,被他以摄影中最具挑战的样式——人体摄影来呈现。

通过自己的摄影作品，索德克不断地以不同的方式来追问爱是什么。尽管在他的个人生活中，爱情经常以各种方式变形。作为一个有着波西米亚式浪漫情怀的艺术家，他既是爱情的追求者、受惠者，也是爱情的背叛者与受害者。但就是在这样不断的爱情试错中，索德克向我们贡献了许多有关爱情的重要作品。

在索德克的作品中，《爱情故事》（1974）是比较少见的以观念摄影的手法创作的作品。他以 12 个正方形画面，呈现了一枝玫瑰从含苞到怒放再到凋谢的整个过程。在插入玫瑰花的水杯边上，摆放着一张女性肖像照。随着玫瑰花瓣的纷纷凋落，洁白的花瓣逐渐将杯子边上的女子肖像照片掩埋了起来。在最后一格画面中，我们只看见一只手把杯子拿走，而杯子周围已经空无一物，无论是花瓣还是那张照片，都已经消失。索德克完整展示了玫瑰（自然）如何将

《米歇尔》（1974）

以照片形式呈现的记忆（人为）埋葬的时间过程，将美好的爱情与无情的虚幻联系在了一起。

索德克承认自己迷恋人体的原因，是因为人体本身“拥有对于爱、死及欲望的强烈的可能性”，而在他那地下室上演的则是牵引出人的潜在本能的生命活剧。索德克有句名言：“我让女人裸露，就是使她们不朽。”而他的人体照片，则成为了以人体所隐喻的生命的影像纪念碑。对索德克来说，裸体是一种触发对自由的向往、对纯洁的回归和对生命的反省的最好的途径，也是展开艺术创作的基本素材。通过对女性的身体形象的刻画，索德克倾注自己对生命、对女性、对性爱的全部理解，赋予女性以一种既普遍而又独特的美。通过展现女性裸体，索德克既希望展示自己的审美观、造物主有关人和世界的永恒法则，也希望把握到生命的原真形态。与此同时，他当然还希望能够触摸到性爱的根源所在。

在处理“灵”与“肉”的关系上，索德克的摄影其实是通过对于“肉”的充分强调，许多时候甚至是通过夸张之极的强调，来表现“肉”与“灵”的反差。但他此举既不是为了否定“肉”，也不是为了否定“灵”，而是通过对于“肉”的肯定来表达对于“灵”的向往与肯定。在他，越肯定“肉”，或许就越有可能以这种特殊的方式接近“灵”。通过他的照片，或许你会发现，唯有“灵”与“肉”之间的冲突，才是人类生命的真相。“灵”与“肉”的一致与和谐，是在男女间的搏斗中所达成的动态平衡。这种平衡始终存在瞬间被打破的可能，也因此，他照片中的男女关系，也充满了张力。或许，这才是他想要向我们揭示的有关男女之爱的本质。

索德克屡屡以孕妇为拍摄对象。因为在他看来，女性在孕育生命时最美。在他的照片中，处于孕育生命过程中的女性，往往散发一种神圣的光芒。而她们那因怀拥新的生命而灿烂绽放的性感与生命能量，更给了索德克以无穷的想象与灵感，使其作品充满了一种强烈的生命激情与张力。当然，这种生命的孕育以及繁殖，并非只是女性单方面之功。男女双方的结合才是他试图表现的本质。怀孕这种丰饶的意象，令人产生有关生命的生产与繁殖的丰富想象，同时也是一种与创造相联系的意象。在这世界上，还有什么比生命的创造更令人振奋的事吗？的确，在索德克看来，没有什么比孕育生命、创造生命更具有意义与价值。

而他的摄影，则是对于这种行为的再次肯定与欢呼。有意思的是，从索德克的摄影作品中所泄漏出来的欲望、不安及罪感等复杂的男性心理，最终往往在他的孕妇题材的摄影中，都为丰饶的生育与繁殖这个伟大的命题所吞噬。

索德克的某些照片，往往处于情色与色情的边界地带。这或许是无意识而为，但也可能是有意为之。他以自己的实践告诉人们，在一个压抑人性的社会里，冒险表现情欲本身一事就是一种反抗。在很长一段时间里，他其实面对的是双重意义上的压抑与压制。表现情欲，既受一定的社会习俗的规约，也在特定意识形态的压迫之下成为了一种罪恶。他的人体摄影是一种非政治的政治，是将生命这一根本的政治以非常个人化的方式淋漓尽致地表达了出来。通过这种非政治的艺术表现，他从根本上否定了欲置生命于死地的非人政治。在当时那种压制个性、强调服从的意识形态的统治之下，艺术家如何保持自己的人格独立与精神独立其实至为困难。从生的角度去审视表现生命的活力，从某种意义上说，对于压制生命的极权主义就自动构成了大胆挑战。极权主义无视个体的价值，而任何对于生命的强调与突出，就是意味着对“集体”和“集体意志”的乖离与自我放逐。而索德克的摄影，义无反顾地吹响了肯定个体、肯定生命的号角。

包括索德克在内的艺术家，常常以看似“放纵”的情色表现来挑战试图把控人们命运的极权政治。他丝毫不掩盖自己对于那些强装严肃的教条的厌恶，因此大肆讽刺与嘲弄。极权主义的政治，是无孔不入地“极”政治意识形态之“权”至生命活动的所有方面。处于极权之下的包括性爱在内的日常生活，如何抵抗这样的“政治”对于日常的控制、干犯与毁灭，其实从根本上说，与如何捍卫人自身的尊严有关。这两者间的博弈谁胜谁负，一时可能难有定论。但从长远看，极权只能借国家机器滥施淫威于一时，而基于日常生活的生命政治总要以各种形式反弹。或许这反弹在一时间也称不上胜利，但也不至于总是一败涂地。

索德克于生命的独特感怀，往往是以一种极端夸张的形式表现出来。这样表现出来的情感，成分复杂，其表现形式也多样多彩。在不少人眼里，索德克的某些作品往往被视为色情。色情在英文中主要以 pornography 表示，其意义为露骨的性行为展示。这样的展示，经常会触犯法律与道德，因此受到人们的抵制与反感。而基于爱情的两情相悦的行为描述，则以情色（erotica）表示。到底索德克的工作属于什么范畴，有时会引起巨大的争议。因为不同的文化、宗教等背景，得出的结论可能大相径庭。色情与情色表现的关系非常复杂。其中一个重要因素是，对于性爱是以何种方式处理。

在文学中的情色描写，毫无疑问是见诸文字而诉诸想象，并无直接映现器官之能力，因此即使涉及行为描写，也属间接。即使如此，各种舆论反应与随之而来的道德与法律的裁判，也确实令作者穷于应付。而美术中的情色描写，包含了画家、雕塑家本人的主观意图。他们或许已经审时度势，在属于建构的描写中，也已经有所取舍，但仍然拥有了主观性。为这种主观性，作者是要准备付出某种代价的。这样的描绘，既是有意为之，又是创造建构。而摄影的情色描写，则因其观照器械本身所具有的“客观性”而带上了先天的原罪，一不小心就踩入色情的泥淖。镜头所指，往往就被指为露骨描写，难消故意色情的疑虑。因此，摄影的情色描写更具挑战性，要承担道德审判与法律制裁的风险也可能更大。

二 对国旗的“爱”：国家的身体化

索德克声称自己对于政治不感兴趣，纪实也不是他摄影的主要目的。然而，他也曾在照片中将“爱 ”的主题由个人扩大到国家的范畴，值得我们加以特别关注，并深入讨论。

1967 年之后，整个捷克社会酝酿着重要的转变，随后的“布拉格之春”以及它的戛然而止，都给当时的世界造成巨大的震动。仅从文学家的回忆，便能一窥当时历史的戏剧性转变。

作家、翻译家海达·科瓦莉在她的回忆录《寒星下的布拉格 1941—1968》中，对于亚历山大·杜布切克政府上台后的社会状况有这样的描写：“1968 年的春天满溢着焦虑、期盼，有种梦望终于成真般的强烈的感受。人们像洪流般地挤满在布拉格旧城狭窄的街道，在赫拉德查尼城堡的庭院，在那里待到夜深时分。起先常常只有一个人在独行，但很快就与其他人汇聚一道了，一同聊着天，说着笑话，我们周围的人在一旁听着他们的言语，欢笑声回响在古老的墙垣上，我们的心也变得舒旷起来。城堡的大门虽然早已关闭了，人们却流连忘返，站在城墙上，眺望着全城的万家灯火。那些灯火在黑夜里闪闪烁烁，似乎整座城市也因兴奋而不能入眠。中央委员会的办公楼从前见了叫人生畏，现在不同了，每天清晨，妇女端着自家厨房新烤的蛋糕，捧着一束束鲜花在大楼的楼梯旁守候，等待总书记亚历山大来到他的办公室。孩子们把玩具熊猫赠给他，作为吉祥的象征。人们从不错过在电视屏幕上见他的机会，当然，能看到一个党的官员偶尔结结巴巴地说话，眼镜不断地从鼻梁滑下来，可以说是件罕见的开心事。”[2]

然而，米兰・昆德拉在《不能承受的生命之轻》中则描述了“布拉格之春”的急转直下：“兴奋的日子只持续了占领后的头七天。捷克的国家政要被俄国军队像罪犯一样一个个带走，谁也不知道他们在什么地方，大家都为他们的性命担忧，对俄国人的仇恨像酒精一样，让人昏了头脑。那简直是仇恨的狂欢节。波西米亚的各城镇贴满了成千上万的大字报，有讽刺的，有挖苦的，还有诗歌和漫画，矛头直指勃列日涅夫和他的军队，嘲笑他们像是一群没有文化的马戏团小丑。但是天下没有永远不散的节日。就在这些日子里，俄国人强迫那帮被劫持的捷克政要妥协，在莫斯科签了协议。杜布切克带着这份妥协的协议，回到布拉格，并在电台发表了讲话。六天的监禁竟把他折磨得不成人样，连话都讲不出来，结结巴巴，不停地喘气，连一个句子都讲不完整，一停就差不多有半分钟。这一妥协，倒是使国家免遭厄运，没有造成大批的人被枪决，被流放到西伯利亚，这种命运，谁不怕呢。但是有一件事很快再也清楚不过：波西米亚不得不在征服者面前下跪。这个国家将永远像亚历山大・杜布切克那样，结结巴巴，忍气吞声，仰人鼻息。狂欢节结束了。屈辱从此成了家常便饭。”[3]

熟悉这段历史的人，不难理解当时捷克人民所面对的历史残酷的戏剧性，也就能够想象，以艺术家的敏感面对自己国家所遭遇的境况，内心将产生怎样的触动。索德克的《1968》，就拍摄于这样的历史背景下，是他作品中较为另类的一张。

在这张照片里，摄影家从很低的角度，以仰视的视角拍摄，画面留出了大

---

2 海达・科瓦莉：《寒星下的布拉格1941—1968》，张芸译，花城出版社，2014年，第217—218页。

3 米兰・昆德拉：《不能承受的生命之轻》，许钧译，上海译文出版社，2014年，第34页。

片的天空。照片中，索德克让他的儿子脱掉了皮鞋，光着脚，坐在山顶。或许，他以这样的姿势来表现，画面中人为了更牢固地与山结合而脱了鞋子。他不是在挥舞手中的捷克斯洛伐克三色国旗，而是死命地撑住手中的国旗，似乎要把它插入脚下的山丘。他手中的国旗被风吹起，高高飘扬。他的姿势令人感到，在插好了旗帜之后，他还在竭尽全力护住它，努力使之立于不倒。这样的顽强奋斗与坚持的姿势，也表示捷克斯洛伐克人与代表了祖国的大山的更为直接的联系。

据捷克艺术史家、评论家达尼埃拉·莫拉兹柯娃说，出现在照片中的山顶形态，酷似捷克的神话山坡日普山（Říp）[4]。此山位于布拉格市郊，虽然是一小山包，却被认为是捷克人祖先的定居之处、捷克民族与国家的起源之地。由此看来，索德克的这张照片是一幅织入了摄影家对于祖国与民族的深沉感情的作品。他在其中寄寓了自己对祖国的爱，也宣示了一种精神的不屈。也许，没有什么比卫护象征着民族国家的国旗这一意象，更能表达自己的爱国之情了。

索德克出版于 1998 年的《爱：四个字母构成的词汇》（*Love As A Four-Letter Word*）[5] 一书，收入了这幅照片，并配上了一段表达他对于国旗的深厚感情的文字。虽然这段文字似乎与照片的画面所呈现的内容并不契合，但也许就是这样的图文乖离，反而更能够打开读者的想象空间，也让读者了解他对于祖国的感情：

早上五点。我走在去工厂上班的路上。

街灯透过夹着冷雨的雪照亮马路，凛冽的冷风掠过荒凉的街头，偶然刮起湿漉漉的纸屑擦过我的脸颊。

高低不一的人影在黑暗中快速闪过，又被黑暗吞没。那是我的工厂同事。

突然，一卷被雨打湿了的破布团绊了我一下。该死的！天啊！我几乎摔了个狗吃屎……

---

4 Daniela Mrázková, *Saudek*, Taschen, Koln, 2006, P30.

5 Jan Saudek, *Love As a Four-Letter Word*, Bb Art Publishing, Praha, Czech, 1998.

到底是怎么回事？我一个人躺在人行道上？真是见鬼了。我向周围看了看，凝视着那一片黑暗。

当我弄明白那地上的一团黑色是什么，我的心脏几乎停止了跳动。

这是我祖国的旗帜，我那被彻底践踏与污辱的祖国的旗帜。曾有多少只脚踩过它，把它踏入泥淖里！它躺在这里已经有多久了？

我记得我还是个童子军小兵的时候，每天傍晚把它从旗杆上放下来……总是我们四个人，每人手握它的一个角。它是永远不允许落到地上的。当它被护送回营时，路上行人停步，向它行注目礼，男人脱帽，战士敬礼……

这一切都变了。

不，没有变！我从地上拿起旗帜，——傍晚回到家里，我以芳香扑鼻的肥皂液将它反复清洗。

我发誓不能让一点污垢留在旗帜上。

它美丽。它永远美丽，你听到了吗？

我仍然爱它，而且珍爱无比。

从这段充满爱国激情的文字，我们可以充分了解，对于政治冷漠的索德克，其实拥有对于祖国的一腔深情。他通过对国旗的表现，表达自己的爱国情怀，而国旗对他所具有的意义在此也表露无遗。

此外，索德克这张照片，还令我们想到另外一张拍摄于“布拉格之春”的、以国旗为内容的照片。在苏军最初进入布拉格时，布拉格市民群起抗议，以各种方式阻挠苏军的入侵。这些情景，尤其是市民的反抗，当时的捷克官方媒体少有记录。可是，一个名叫约瑟夫·寇德卡（Josef Koudelka，1938— ）的捷克斯洛伐克摄影家在战车面前挺身而出，以他的摄影保全了人民抵抗武装干涉的历史，而且内容相当完整——《捷克国家广播电台大厦前示威游行的年轻人》。

在画面中，两个表情悲愤凝重的男青年，以两人的左右手合力高举一面猎猎高扬的捷克斯洛伐克国旗，行进在满地瓦砾的街道上。画面右边的年轻人，向上伸出他的左手，向画面外，也就是电台大厦对面马路上的人群作呼吁状。他们背后，仍有烟尘未散。他们的后面，是捷克国家广播电台大厦。远远看去，电台大厦下面聚集着听闻苏军要来占领电台而自发前来保卫的市民。

这张照片构图略显前倾，因而传递出一种动荡感，切合当时现场的气氛。而开放的画面，以及因为使用广角镜头而稍许变形的建筑形象，则传递着强烈的临场感。而整个画面，尤其是手举捷克斯洛伐克国旗的人物形象，更令人想起法国画家欧仁・德拉克洛瓦的不朽名作《自由引导人民》。

“布拉格之春”被镇压后，外部世界仍然没有太多的资讯可供了解当时事态的性质，视觉文献更是少之又少。当一个最初署名“无名者”的摄影家拍摄的布拉格照片在西方媒介上流传开来后，事态的严重性才有了具体可视的证据。后来，当摄影者本人于1970年离开祖国后，约瑟夫・寇德卡的名字才与这批照片合为一体。

正是由于像索德克、寇德卡这样的摄影家以各自不同的方式表达情感，才让我们知晓，侵略是如何的不得人心，人民是如何的不畏强暴。

如果说寇德卡是以来自现场的照片为这场风暴保存了见证的话，那么索德克以导演拍摄的手法，通过身体与国家的一体化，将捷克人民的爱国心理作了深入的刻画与表现。索德克和寇德卡这两张有关“布拉格之春”的照片，如今都已成为记录捷克现代史的重要图像。

21年后，柏林墙倒塌那一年，11月17日，是一个星期五。捷克斯洛伐克的学生们发起纪念纳粹德国关闭捷克大学50周年的活动。11月24日，被废黜的“布拉格之春”的领导人亚历山大・杜布切克以及公民论坛的领导人、剧作家瓦茨拉夫・哈维尔，一起出现在民众集会上。杜布切克做了他被迫离开政坛20年后的第一次公开演讲。与此同时，从1970年起就被禁止公开演出的歌手玛尔塔・库比绍娃演唱了鲍勃・迪伦的歌曲《变革的时代》。“布拉格之春”后，年轻人因为喜欢摇滚乐就要受到逮捕，而那天，库比绍娃面对20多万人高歌摇滚名曲——多么动人。12月28日，以杜布切克为主席的新议会推选瓦茨拉夫・哈维尔为捷克斯洛伐克共和国总统。

那一年，索德克再次以作品回应了时代，并第二次以当时的年份命名了自己的作品。他以自己那著名的手工着色手法，以象征了捷克国旗的红白蓝三色涂在了女性躯体的三个部分（左右两大腿与腹部会阴部），长方形的画面也马上令人联想到这是一面捷克国旗。索德克说他这么做是“赞美我的祖国”。摄影家以这样的方式将国家身体化，通过将身体与国家合一，来表达自己的欣喜。这是借人体形象来将“民族国家”这个现代概念具体化。而这样的视觉化表达，又是那么的“索德克化”。

同时，索德克也令人印象深刻地，将自己的具有灿烂历史文化的祖国，通过“国家化的女性人体”来视觉化为一个“阴性”的国家。如果说，迷恋武力是一种雄性的、阳刚的行为的话，那么，着意于文化与艺术，也许就应该属于一种阴性的特质。对于捷克斯洛伐克脱离了以武力为纽带组织起来的华沙条约组织，或许，索德克寄托于这张照片的希望是，捷克斯洛伐克，尤其是他所属的波西米亚地区，终于可以再次以一个具有强大创造力的文化强国而屹立于世界民族之林。

这两张照片都是以身体为手段来表达摄影家爱国情怀的成功作品。索德克自豪地声称自己是一个“爱国者”。不像有些口口声声自称的“爱国者”，其“爱国行为”只是发生在国家太平无事时，其“爱国”只是为了与拥有充分资源的国家和权力分享利益；而一旦国家有难，许多平日里的“爱国者”往往消失无踪，甚至干起卖国、叛国的勾当。而索德克以这两张作品所表现出来的爱国情怀，并非一种投机行为，而是一种有难同当的正直担当。

三 摄影的生死大问

索德克从不回避在摄影中面对、讨论死亡这个残酷事实。从某种意义上说，在艺术中处理死这个命题，其意义与如何处理生这个命题具有同样重要的意义。如何处理死，实际上就是如何处理生。对于任何艺术家来说，在作品中尝试处理生死这个命题，都是一个无法回避的挑战。这于索德克这样经历过生死难关的艺术家来说，更具有特别的意义。

从表面看，索德克的许多照片常常喧闹欢乐，但如果细细深究，人们往往会发现，其深层之中总还是潜伏着某种不可名状的“黑暗”，因此照片最终总是变得不那么明媚。当然，人们从不怀疑他从来没有放弃过对于明快的向往与讴歌。他的许多照片被打造得无比的喧闹与欢腾，但其实在这背后，却存有一种根本上的悲凉。在讴歌生（Eros），且以热烈的方式讴歌的同时，却永远惦记着死（Thanatos）的必然到访。或许是索德克觉得这种根本的悲凉过于灰暗，所以他才奋起以嘉年华式的欢腾与喧闹来进行某种情感上的中和或精神上的抵抗，但这反而时时暴露了他对于终极死亡的恐惧。在对于情欲的刻画与再现中，摄影家索德克既坦然面对并且展现生的必然的沉沦，也不时让作品闪现生命意志升华的曙光。

在那个想以个人化的影像来解释自己的生命观就会引来非难甚至是灾难的时代里，索德克在地下的黑暗中，睁大了自己的眼睛去苦苦搜寻光明。因此，索德克的摄影是“暗黑的”。但他总有本领以看似不经意的样子拿捏好明快与暗黑的比例。当然这所谓的“比例”，并非可以数学般精确的数字来加以确定的。但在他的照片中，最明亮的与最黑暗的往往会搭配在一起，而最明快的与最悲凉的也往往会共处一个画面。但是，这种拿捏却是无法模仿的。正如索德克所说：“我的模仿者们也举办展览，那些高贵的摄影家们有着比我的照相机更大的照相机，有更漂亮的、身材比例更好的模特，而且他们的照片的效果也确实要比我的那些出自于 Flexaret 照相机（捷克产，作者注）、只值 5 克朗的胶卷的照片来得更好，但在他们的照片里有某种东西丢失了，而且他们不知道那是什么……让我悄悄告诉你吧，我是通过爱的棱镜来拍摄我所爱的事物。”[6] 是的，是他独特的生命体验早就为他的作品调好了底色，这才使得他能够以不同凡响的方式来表现。

《斯拉夫女儿与她的父亲》(1998)，就是索德克讨论生死与生命传承的作品。裸体的女儿手举一个代表她亡故的父亲的骷髅。娇艳美丽的女儿与已在他界的父亲的生死对话，被他以这样的方式展示了出来。我们不会忽视摄影家置放在她身边的鲜花。代表青春的鲜花与代表死亡的骷髅，把生与死形象地联系在了一起。生（Eros）与死（Thanatos）是生命事实的一体两面，而它们被索德克以他独有的方式统一了起来。

---

6 Daniela Mrázková, *Saudek*, Taschen, Koln, 2006, P42.

《斯拉夫女儿与她的父亲》（1998）

索德克的这张作品，也令人联想起墨西哥摄影家马奴埃尔·阿尔瓦雷兹－布拉沃（Manuel Alvarez-Bravo，1902—2002）的《评价良好的午睡》。这两件作品有着某种图式上的相似性。而从手法上看，也不同于单纯地表现人体。两位摄影家都在他们作品中的人体周边附加了某些事物，以此形成某种联想与暗示，力图开拓更大的想象空间。

现代摄影史上的名作《评价良好的午睡》，是阿尔瓦雷兹－布拉沃受“超现实主义之父”安德烈·布勒东的委托，为他介绍超现实主义艺术的展览图录而拍摄的。据阿尔瓦雷兹－布拉沃回忆，“那张照片是1938年拍摄的。当时我在墨西哥城的圣卡洛斯美术学院做教师。布勒东正好在那时为了准备在墨西哥美术馆举行超现实主义展览来到了墨西哥城。有一天，正好是我在排队领工资的时候，有一个自称是布勒东的代理人的给我打来一个电话。因为布勒东不会说西班牙语。那个人说，布勒东想要我为他用于展览会图录的封面拍摄一张照片。正巧，我摄影课上的人体模特当时也在排队领工资。我就马上跟她说，可不可以在学校的屋顶上让我拍摄一些照片，她马上答应了。接着，就用这个接受了布勒东委托的电话听筒，我给我的朋友弗郎西斯科·马林医生挂了一个电话，我叫他到学校来给模特儿缠卷绑带。他肯定认为这里出了什么大事了呢。他马上带上绑带驱车赶来。在等他的时候，我请学校的门卫到学校边上的勒梅塞德商场给我买来了几个‘阿布罗霍斯’仙人球。‘阿布罗霍斯’长在满是岩石的地方，在西班牙语中有‘睁开眼睛’的意思。它之所以有这样一个称呼，是因为如果人们不睁开眼睛多加注意的话，就会被它刺破鞋底刺伤脚。门卫买来仙人球后，我还请他给我拿来了他晚上用的毛毯。医生也马上赶到了，给模特卷上了绑带。我带着一种超现实主义的‘自动写作’的感觉，以一种兀然的方式很快就拍摄好了这张照片。”

在被问及“为什么会想到使用绑带与仙人球”时，阿尔瓦雷兹－布拉沃回答说：“我自己也想过这个问题，‘为什么会想到使用绑带与仙人球’。我认为，在解释艺术作品时经常会发生的是夸大心理原因。人们会偶然在日常生活中看见一些什么东西，发现什么一些东西，这些东西作为形态或者构图会在造型艺术中具有非常有趣的作用。因此可以这么说，视觉经验既与人的心理有关系，也没有关系。然而我并不认为这就一定意味着，视觉经验会与人的心理状态结合在一起。就这张照片来说，有使用绑带的事实。但我想强调的，是主题跟随个人，而不是个人追随主题。我最初看见使用绑带的例子是安娜·索科洛夫的舞蹈团来墨西哥演出的时候。我在看他们排练时，观察到两个女演员腿上绑着绑带。而且我拍下了照片。无疑，用于外科手术的绑带因为其他目的而用于人体，这种不可思议的用法在我的视觉记忆仓库里留下了印象。那是 1937 年的事。离我拍摄这张照片时间并不长。当然，也会有其他的看法。超现实主义中有梦的要素，从这个观点来看的话，也许可以认为是她们腿上绑着绑带的照片引发了我的《评价良好的午睡》。可以想象，躺在地上的阿丽西娅认为危险正在降临到自己身上。这个印象可以由仙人球的刺引起。而在睡眠中危险来临的想法，我相信与画家卢梭的《睡着的吉普赛女人》一画有关系。绘画作品以各种方式给我影响。虽然我只看到过《睡着的吉普赛女人》的印刷品，但它给我带来巨大的喜悦，令我深受感动。我想，产生于这幅画的想法进入到了《评价良好的午睡》的创作中来了。在卢梭的画中，女人睡着了，正在逼近的危险由狮子来暗示，而在《评价良好的午睡》中，则由仙人球的刺来暗示。”

从阿尔瓦雷兹－布拉沃的回答，可以发现，危险以一种展现痛感的仙人球的刺来表示。而腿上绑着绑带这一意象，则可能暗示阻止某种侵犯，也象征禁忌本身。而与《评价良好的午睡》不同，在索德克的照片中，女子身边安放的是暗示美好青春的鲜花，而不是提醒危险存在的仙人球。因此，图式有着某种类似性的两位摄影家的两件作品，所传达的意味截然不同。在索德克，试图通过骷髅、鲜花与人体的组合来提出生死的大命题，而在阿尔瓦雷兹－布拉沃，则是通过绑带、仙人球与人体的组合来尝试将有关性的潜在欲望视觉化。在索德克的摄影中，经常出现的情况是，即使他要提示一种明快的事物，但摄影家往往会同时附加提示你不要忘记其反面的事物。同样的，在《斯拉夫女儿与她的父亲》这幅作品中，他以这样的鲜明对比的手法来处理生死问题，从效果上看果然简洁而有力。这或许是他的照片经常会引发某种直观感触的原因。

歌颂美好事物，必定与恐惧美好事物的失去共同构成一件事的一体两面。在赞美鲜活的生命之美丽的同时，对于老去以及必然到来的死亡的恐惧，也在索德克的《新艺术》（1988）中以另外一种方式表现了出来。一位闭目老人把他的面孔紧贴在一位年轻女子的胸口。这位女子的形象与捷克“新艺术”风格绘画大师穆哈的画中形象相仿佛，在他们身后则是具有新艺术风格特色的室内装饰背景。索德克以年轻女子与衰老男子相对比的画面，展现一位自知生命开始走向倒计时的老朽对于年轻、美丽与生命本身的依恋。画面中，面对老者的大胆行为，这位女子并不显得局促不安，而是以理解的神情坦然面对。当时身在高压下的索德克，或许只能以这样的方式来他表现对于生命与爱情的理解，以此提示并抵抗死亡的步步逼近与频频骚扰。

《新艺术》的画面也不免令人想到日本作家川端康成（1899—1972）的小说《睡美人》中的江口老人。67 岁的江口老人，五次去名为“睡美人”的会馆，与六个服用了安眠药后沉沉睡去的女子共寝。通过与不同的女性身体的相遇，江口回顾自己的一生，逐渐作好接受死亡来临的心理准备。江口老人一个人独自占有六个沉睡中的女子的遐想，可能是一种胆怯的行为。而在索德克这里，这似乎是年纪相差悬殊的男女双方的共同行为，两人（尤其是女子）所表现出的某种相互理解与配合，将衰老与死亡这一令人恐惧的生命现象以较为直接的方式展现出来，同时也在一定程度上中和了必定会有的悲凉与虚无。川端康成与索德克两人对于恐惧衰老所作的艺术处理，也在一定程度上也反映了东西方文化在衰老与死亡的关系问题上的认识差异。

四 游走于“美”与“丑”之间

索德克的照片经常颠覆、反转一些被认为是审美常识的观念。而且这种颠覆与反转往往具有某种观念的前提。肥胖女人，似乎也是索德克钟情的表现对象。在控制身体形体的问题上，人们似乎历来相信，从身体的肥瘦可以判断人的理智与非理智。能够控制自己形体的人，往往被认为是具有理智的，因此被视为更适合社会规范的要求，受到普遍的接受。而肥胖的人，则多被认定是非理智的，因而往往受到以瘦为美的主流审美规范的排斥。这种形体控制，甚至被称为“肥满法西斯主义”。

《朋克》（1986）

而索德克则毫不犹豫地视肥满为一种美。肥满作为一种与瘦弱相对立的审美规范，在他的摄影中，不仅与生产、丰饶这样的意象相联系，而且也与包容、宽厚、宽恕这样的意象相关联。这样的影像，将带来对占统治地位的以瘦为美的观念的反思。当然，这样一种与主流审美观悍然背道而驰的美学追求，或许也有摄影家追求在视觉表现上出“新”的策略考虑。传统的人体摄影总是不厌其烦地追求表现有着完美比例或强健有力的人体。摄影家以此作为“美”的准绳，并进而宣判其他形态的人体，如残损的、比例失调的、松垮甚至垮塌的人体为“丑”。而在这样单一的“美”的标准之下，改造人体、塑造比例“美”的人体也作为一种产业发展起来。如此，专断的“美”，不仅成为了艺术表现的唯一标准，也就此蔓延、深入到人类的日常生活中来——无论东方与西方。对于这种绝对的“美”的统治与专制，或许以索德克式的摄影来作一争辩，并非没有意义。从某种层面上说，其价值也许不惟在艺术上，亦在文化上具有反思的力量。

看到索德克的这些以肥胖者甚至侏儒等为主角的照片，人们往往会马上联想到美国摄影家黛安·阿勃丝（Diane Arbus，1923—1971）以畸形人物为主题的摄影。但我认为，两人的摄影观念显然存在着差异，甚至是根本性差异。

阿勃丝摄影中的畸形人物，是与他们所处的环境一起被展现的，人物被作为社会现实中的一部分被摄影师呈现出来。与阿勃丝的呈现方式有所不同，索德克的畸形人物，处在去除了现实因素的环境中，因此在更大程度上是作为一种生命现实本身被强烈地展现出来。两人虽然都直接关注了生命中的特异现象，但相较于阿勃丝同情式的肯定，索德克的摄影更具有一种赞美讴歌的性质。在索德克，所谓的身体“畸形”，似乎从来不存在需要被同情的问题。他想要指出的是，生命不可能是完美的，而身体的“残缺”这种无论是视觉上还是生命机能上的不如意，只是表明，此处的身体更早地（或是过早地），也是更为本质地接近了生命终究要面临的残酷事实，那就是失能与衰败这样的严峻事实。展现“畸形”，也是对于生命本意更具终极性的一种强烈的视觉提示。这或许是索德克与阿勃丝的重要区别所在。

《我爱你》（1970）

第五章

自拍摄影作为一种“无权者的权力”

一 出演自我

在本质上，索德克是一个孤寂的人。但是，索德克这个有着强烈自我意识的摄影家，正是通过自拍摄影的方式，来化解因无法与当时体制相调和而带来的深刻孤独。

在日常生活中，索德克喜欢以时髦、华丽的穿着来吸引人们的注意。红色与黑色是他着装中最基本的色系。所有看似夸张的行为与言论，其实是一个渴求他人关注的人的心理注脚？这样一位自我意识强烈的摄影家，热衷于自拍摄影这一表现样式也是理所当然之事。

自拍摄影作为一种视觉样式，其来源可追溯至绘画中的自画像。自画像是画家借以考察、刻画自身形象的一种样式，表现手法也多样丰富。而摄影术的发明，使照相机作为一面观察人性的镜子，激发起摄影家把自我作为“他者”加以审视，并进而深入考察的无穷热情。

《时速 120 公里》（1950）

翻开索德克的摄影作品集，可以发现包含他个人形象的作品比比皆是。他的自拍摄影几乎可以说是与他的摄影创作同步开始的。他最早的一些自拍摄影，既是有关他个人生活的记录，也显现了他对于如何在摄影表现中结合进各种艺术手法的兴趣。他模仿美国漫画的风格，自己出演照片中的主人公，并且在画面中加入文字框。意大利新浪潮电影流行时，他也会模仿这类电影的风格，拍摄有自己出演的具有剧照风格的照片。这些照片，具有强烈的个人生活气息，又带有明显的西方大众文化色彩，体现了索德克对于西方文化，尤其是大众文化的关注与兴趣。而在当时的捷克斯洛伐克以及苏联东欧阵营，发生在年轻人身上的这种对于西方流行文化的追求，是一种不愿苟同于僵化的主流意识形态的自我表现，需要一定的勇气。同样的，索德克也是发自内心地对于这类亚文化有着浓厚的兴趣。而自拍摄影这一表现样式，对于正在寻求理想的自我表现方式的青年索德克来说，无疑是一个乐于尝试也便于尝试的手段。这种表现形式，既可以满足自己追逐潮流的需要，也成为确认不断变化的自我的简捷手段。

在自拍摄影作品，他首先作为一个家长出场。受到《人类一家》展览的影响后，索德克的摄影开始以一种浪漫主义的方式展现与刻画他与家人之间的感情。这些具有一定自传性质的自拍作品，既是他的家庭生活的真实再现，也符合他虚构理想家庭生活的想象。这些照片经过他的精心构思，具有记录与虚构的双重性。他在作品中将自己塑造成了一个强壮、负责、具有爱心的父亲形象，同时，也表现出了良好的演员素质。他虽然不在这些照片中过度展示个人形象，而是以局部呈现，但我们已经可以发现，他并不缺乏一旦需要加大表演力度时的激情。

逐渐地，随着摄影风格的确立，他的自拍摄影也随之形成了比较确定的风格。他欣然出场，频频出演自己作品中的各式人物。以开放的性格而言，让索德克面对照相机镜头展开表演，也许本就并非难事。

在有着多个版本的《时速 120 公里》（1960）中，他表达了年轻人对于外部世界的向往。画面中，一个年轻人被铁路道口的栏木挡住，他的前面是风驰电掣般驰过的火车。在这里，前进与阻挡形成了两个矛盾的意象。由火车所形成的模糊影像，似乎显示外部世界的不可知，而此时无法行动的年轻人的姿势，则显示出对于外界与流动的向往。

《纸牌 No. 343 II》（1989）

在索德克的地下室摄影中，由于背景已然确定，摄影家如何表演他心目中的人物形象就成为了重要的问题。果然，摄影家不负众望。他的自我以及他出演的“他我”，确实以不同凡响的方式被定格于画面中。

自拍摄影的根本要义在于，摄影家借助照相机这面镜子，通过对于自己的观察与再现，达成对个人身份的确认、建构，甚至是破坏、虚构与再建。在索德克的大量自拍摄影作品中，其面向包括了上面所说的对于个人身份的确认、建构、破坏、虚构与再建等所有面向。比如，在由他表演的照片中，他一会是激情的舞者，一会是街头乞丐，有时是苏联红军战士，有时又成了“一战”中奥匈帝国的士兵。他既扮演摄影家（这显现了他的职业身份），也出演音乐教师（这是他向往的人生角色之一）这样的角色。有时，他会通过高超的暗房技巧，以扑克牌的画面形式将自己的双重性呈现出来。有时，他通过系列画面展示他设定的人物的人生故事。如《士兵的故事》（1984），就以六个画面展现了一个士兵的生死经历。索德克自如地展开身份的变换与角色的穿越，将角色变换视为人生与摄影的乐趣，也令这种扮演成为了他与自我展开对话与游戏的基本手法。

而在照片中展现同一角色着衣与裸体的两面，是索德克的自拍摄影中喜用的一种手法。这种手法，既用于一般的拍摄，也用于有他出现的自拍摄影。在《纸牌 No. 343 Ⅱ》（1989）中，索德克借用扑克牌的形式，以上下对称的镜像方式来展现包括了手持双镜头照相机的他，着衣与裸体的双重形象。这对于自我的双重角色呈现来说，既实现了自我的分裂，也构成了自我的延续。当然，最根本的，这是一种自我角色的多重展现。

二　定义与“他者”的关系

但是，除了他以单独的个人表演为内容的自拍摄影作品之外，还有大量的与他人合作、以共同表演的方式来展现丰富人性的自拍摄影作品。在这些双人甚至多人影像中，他以扮演某种人物的方式，与画面中的另外一人（基本上是女性）一起展开某种他所设定的叙事。有时，他还会与自己的子女一起演出，这样就有了《父亲之死》（1982）等作品。再比如，他在《恶梦》（1983）中扮演从地下室窗口跳进来的“恶汉”，而室内地上的女子则仍在甜蜜的梦乡之中。在他与他人合作表演的自拍摄影作品中，也经常尝试以某种方式来揭示人生中某些隐蔽的真相。如《涤罪》（1987），通过精湛的暗房技巧，将男女之间的迎拒与性爱的欢悦赋予一种过程化的展示，两性间的吸引与摆脱在一个画面里得到了共时性的呈现。

此外，挪用手法也被他用于自拍摄影。比如，他拍摄于1987年的《皮埃塔》（圣母哀悼基督），就是挪用了宗教绘画中的重要题材。这是一个吸引了许多艺术家的题材，文艺复兴时期米开朗基罗等巨匠都有杰作传世。而在索德克的画面中，他与一位女子合作，由他扮演死去的基督，而被视为圣母的年轻女子则将他抱起。两人在水平与垂直方向的相互关系构成了一个类十字形。

在这些画面中，摄影家索德克与这些“他者”们合作无间，共同完成表演。在这样的合作表演中，索德克与“他者”互为他者。与此同时，在他的照相机面前，他与“他者”又都是照相机的“他者”。以这样的拍摄手法所完成的作品，说是自拍摄影似乎已经不太合适了。因为他可能已经不是有意识地以拍摄自己、展现自我为动机，而是连他自己本人都已经自然而然地成为了实现自己创作意图的道具了。

这样的作品，数量如此之多，拍摄频度如此之密集，只能说明他是有意识地考虑把这样的拍摄作为一种个人手法来实施。而绝大多数摄影家们的自拍摄影，往往局限于观察自我，虽然是将自我作为一种“他者”加以审视，但其聚焦点是在展示由自身扮演的某种社会身份，并不涉及自我（或自我扮演的人物）与他人的关系。而到了索德克这里，摄影家的自我与“他者”之间的关系，通过这种方式，既有融汇又展现某种冲突或矛盾，自我因此不能独占画面，专美于世人。由此形成的形式上的丰富性，开拓了内容上的复杂性，因此也提升了他的自拍摄影（如果还能这么说的话）作品的容量与张力。

因为在画面中出现了“他者”，因此，这样的自拍摄影（如果我们还是继续这样的说法）就出现了摄影家与他召来的“他者”之间的互动。这就成为一种处于相互关系中的表演，也是索德克与他所设定的“他者”的交流。从这个意义上说，这对于自拍摄影（以及自画像）的传统是一种突破。因为传统的自拍摄影并不展现“关系”，而只是呈现“自我”。因此，这样的只呈现自我的“自我关注”，往往致人疑虑，甚至反感于摄影家的“自恋”。当然，如果能够深入地发掘“自恋”背后的社会历史文化原因，确实可以发现这“自恋”在自拍摄影创作中所担负的职责非常重要，必不可少。“自恋”，于个体的自我确立有着相当重要的作用。而在索德克的自拍摄影中，当“关系”成为了重点所在，“自我”则成为了定义“关系”、确认“关系”、展现“关系”的途径与手段。索德克大量的自拍摄影作品中的自我，由于与另外一人或多人一起从事某种表演，因此他虽然在场，但同时也降低了人们对于他热衷于给自己造像因而觉得他过分自恋的别样感觉。在这些作品中，他的“自我”有时起到的是“绿叶”的作用，往往是在烘托女性（多以裸体形象展示）这个“红花”。当然，这些自拍作品以其丰富性与复杂性也超越了单纯的个体展示与确认的层面，达到了讨论群体中的自我为何的层面。因此，对于他的这类作品，是否可以再以“自拍摄影”来定义，应该还有更深入探讨的空间。

也许可以这么说，索德克的自拍摄影因为导入了“他者”的参与，而成为了一种超越自恋的自拍摄影创作。所谓自拍摄影，其实施者具有某种自恋倾向几乎是可以确定的。审视自我这个行为，在本质上是一种最终达成自我肯定的行为。当然，我们并不排除在审视自我的过程中，自我经不起自身的严峻检视而面临全面解体的危险。但这样的情况相信少于最终确立并且重新建立新的自我的情况。而索德克这些手法多样的自拍摄影实践，不期然地超越了个人有意为之的自恋，而成为了对于广义个体的审视与再现，因而具有了既展现自我、又揭示某种普遍人性的可能性。

人间的情与欲、性与爱，在这些被他所设定的生动活泼的相互“关系”中，以或是诙谐，或是打闹，或看似庄严实质荒唐的方式，被曲折而深入地刻画与展出了出来。通过“关系”的呈现，这样的人间生活具备了更富足的活力与想象力。赋予生活以意义，赋予身体以活力，通过上演自得其乐的、具有“好兵帅克”式性格的人间活剧，达成哈维尔所说的“扰乱沉闷”（Disturbing the Peace），甚至打破、击碎沉闷，可能是他的一个并非自觉的努力。但是，如果

《恶梦》（1983）

说这是无意识所致，那么或许这种无意识恰恰能够更深刻地反映一种深层的集体无意识的深切向往。这或许是索德克的自拍摄影所具有的最大魅力，也是他自拍摄影的创新所在。

从某种意义上说，索德克的自拍摄影更是一种个体政治的表现。极权体制既希望社会生活中的个体原子化，也在公共生活中全面实施个体的集体化。这听上去似乎矛盾，因为原子化是分散的，而集体化则是集中的，两者如何达成统一至为困难。但是，极权恰恰要通过将原子化与集体化相统一，来达成对于所有人进行分化与控制的目的。所谓的集体主义，在公共生活中，就是压制个性的充分展开。因为个性的展开与展示，可能同时意味着带来质疑威权的危险。但在索德克那里，通过他的照片所呈现出来的丰富多彩的个体形象，都是那么主动积极地展现自身，面对这些个体形象，人们没有什么理由可以相信这是可以被收买与控制的个体。相反，他这些努力地、欢快活泼地展示自身多面性的画面，也在表明，这是一个无法控制的、也是一个不甘被利诱与威吓所制服的个体。

或许，用哈维尔的“无权者的权力”的观念来讨论索德克的自拍摄影也是合适的。在由地下室所象征的有限的社会空间里，作为一个“无权者”的摄影家，他仅有的权力就是利用手中的照相机，竭尽所能地以个体的表演（包括与多个个体一起展开的表演）来保护、激活自身的活力与想象力，以此对抗国家权力对于个体的压迫与抹杀。

《瓦莱丽的忠诚》（1989）

第六章

从手工着色到挪用
索德克艺术手法浅议

一个优秀的艺术家，在其长期的艺术生涯中，往往会根据自己的现实处境、生活体验与艺术趣味发展出具有其独特面目的手法，以此形成自己鲜明的艺术风格。索德克的作品具有令人过目不忘的风格，以下要讨论的他的几个独具特色的表现手法，为他获得广泛的承认起到了相当重要的作用。

一 手工上色

据记载，1977 年起，索德克开始在黑白照片上进行手工着色。他以此赋予作品以强烈的幻想色彩，将照片的感情振幅调至最大，并使手工着色这一在 20 世纪初期用于黑白照片与明信片的古老传统又一次焕发了生机。

索德克在采访中说，因为怕冲洗胶卷与冲印照片的麻烦，所以他不用彩色胶卷拍摄。这可能是实话，也可能是他不用彩色胶卷的一种遁词。但相较于彩色胶卷照单全收式的色彩记录，手工着色显然是一件更能够体现摄影家个人主观创作意图的工作。他用水彩照相颜料进行着色，因此得到了一种淡淡的透明水彩的色调，也令这些照片有了一种似因日久而褪色的感觉。这种色彩感觉，一定程度上培育了一种照片的虚拟历史感，使得它们拥有了一种“老照片”的品相与品格。这样，他给我们制造了这些鲜活的人体穿越了历史的长河来到我们眼前的幻觉。

同时，这个着色手法的采用，可能也与我们接下来要谈到的他在照片上篡改照片年份的行为取得了一致。因为从他手写的创作年份看，这些照片都已经有上百年的历史了，如果拥有这个“年纪”的照片还是色彩鲜艳的，那似乎与这些被他所标记的“年份”相矛盾。

当然，索德克通过这样在照片上赋色的方法，还在一定程度上舒缓了其始终无法忘怀的绘画情结。这个绘画情结，后来终于在他步入老年时被完完全全地满足了。

二 照片上的时间篡改

在 1989 年哈维尔等人发起“天鹅绒革命”之前，索德克经常受到秘密警察的骚扰，甚至被关入过警察局。为了回避秘密警察指控他散布色情的骚扰，索德克灵机一动开始在自己创作的照片上标注明确的创作与制作时间。不过，这些时间都要比他实际创作这些照片的时间早上了约 100 年。100 年这个数字，在他并非精确的数字，正负相差有时甚大。经过这样的时间处理，如果再有人前来兴师问罪，他就告诉他们，这不是他的创作，而是他爷爷的创作。据索德克说，这么一来，警察的骚扰明显减少。那些经过他手工上色的照片，粗看上去像褪了色的老照片，这或许在一定程度上也帮他圆了在制作年份上撒的谎。

不过，这样的时间处理，虽然是为了蒙骗那些官方骚扰者，但其实在本质上也表现了摄影家对于时间的一种独特态度与看法。索德克既以此嘲弄了秘密警察，同时也嘲弄了时间本身。在他大胆的时间书写面前，神圣的时间一下变得如此地可逆与可塑。从某种意义上说，对于索德克来说，这么一来，可侵犯的时间在一定程度上就失去了其作为一种历史规范的存在意义与价值。经他这么一“折腾”，人们发现，历史的尺度居然可以以这样的方式加以明目张胆的收收放放，虽然这是出于无奈所致。或者说，时间反而因此获得了更为普遍的意义与价值。正如捷克艺术史家米洛斯拉夫·安布洛兹所说，以此，“他试图打破照片的时间与地点属性，防止它们被确定年代，倾向于赋予其更加宏观更加普遍的时间和空间意义。”[1]

三 执导式摄影

“扬·索德克精心准备他的作品。‘我并不是简单地按下快门就算拍了照片。我在脑子里运思。我经常画一些草图，然后在我抓取到正确的面部表情与正确的姿势之前，我可能先已经拍掉了三卷胶卷。’”[2]

摄影历来以其见证的力度与强度而深受人们的信赖。人们也依赖摄影扩大自己有关世界的认识，增长有关现实的知识。当然摄影在记录时无可回避的个人主观性，已经越来越为人所省察，但人们仍然对于摄影的记录性保持一种基本的信赖。因为如果不再信任摄影以及运用摄影进行记录的人的话，那么我们可能真的就面临了新的无知。因此，当摄影被用于建构某种想象与理念时，人们常常会觉得其对于摄影的信任受到了伤害。但是，这种伤害能够产生的最大原因在于建构者蓄意掩藏其人为的建构。而斯大林主义现实主义的建构，就是力图将建构与摄影的再现混同起来，令人们对于它的建构无可置疑，只能被动接受，并且试图在将来以假充真，以建构的影像取代历史的真相而成为人们信以为真的“视觉文献”。

在索德克摄影的鼎盛时期，正好是斯大林主义现实主义全面统治捷克斯洛伐克摄影的时候。如果说，斯大林主义现实主义本身就是一种对于现实的美化与再造的手法的话，那么索德克的执导式摄影从根本上说是对于这种美化再造的决绝否定。以斯大林主义现实主义为创作准则的摄影，目的是要粉饰现实，因此丝毫不容对现实持批判审视的态度。而在表现手法上，则是极尽矫饰之能事。

1 SEE+画廊：《简·索德克》，北京，2013年，第14页。

2 同上，第30页。

而索德克的执导摄影，是强化、突出一种根本的真实到极致的地步，以诚实的坦白来让人发现其建构这个事实以及他所建构的真实。

索德克的摄影当然也是无中生有，但这种无中生有，却没有违反对于真实的认识。而且他也从来没有掩饰其建构这个事实。他忠实于自己对于现实与艺术真实的态度，而不像那些服膺于斯大林主义现实主义的官方摄影工作者，刻意回避真实的现实，只是以扭曲现实为能事，却又对这种歪曲百般掩盖。

这两者的根本区别是，前者以矫饰为手段，以矫饰来制造假象，却希望人们把假象当真相接受下来。因此，矫饰是一种蒙骗人们，也低估了人们智商的手段。而后者则始终明白地告诉人们，我这就是矫饰，矫饰是一种手段、一种风格，同时也是一种真实。索德克的执导摄影，以自己的真实的矫饰，揭穿了另外一种虚伪的矫饰以及这种矫饰的险恶用心。如果有矫饰，索德克的矫饰是作为一种目的来运用，而斯大林主义现实主义的矫饰，则不是艺术创作的手法，而是意在欺骗世人的手段。这种执导式摄影的谋定而动，在相当程度上确保了作者构思的完整实现。但是，就索德克的拍摄而言，则往往是预先计划与临场发挥相结合。

索德克的这种执导式摄影的开始，在时间上正与在欧美兴起的后现代主义摄影推崇执导摄影同时。不过，索德克是囿于自身的摄影认知与艺术观念而采取了这种手法，并非是得时代风气之先而行之。这是一种历史的巧合，但这也显示，一种与时代潮流同步的变化，有时确实会在某些从自身的艰苦探寻上取得了收获的人身上发生。

四 挪用

挪用是后现代主义艺术的一种惯用手法。后现代艺术家们喜用挪用手法来开拓创作的空间，赋予所挪用作品以新的当代意义。

从前面的介绍中我们已经发现，索德克是一个善于挪用的摄影家。尤金·史密斯的《走向天堂的乐园》就曾经成为他挪用的原典。

在许多作品中，索德克都是以着衣与裸体这两种形象来展开某种对比性呈现。这种手法最早可以追溯到西班牙画家弗朗西斯科·何塞·德·戈雅－卢西恩斯特（Francisco José de Goya y Lucientes,1746—1828）在1800年到1805年间所作的两幅名画《裸体的玛哈》（1800—1803年左右）与《着衣的玛哈》（1805年左右）。这是两幅传说纷纭的名作。关于画面中的女主人公的身份，一说是与戈雅关系热络的阿尔芭公爵夫人，另一说是戈雅的赞助人戈多依首相的情人。但画家所起的“玛哈”这个名字，则是当地一般女性劳动者们常用的名字。画家之所以给女主人公起这样的名字，似乎想要转移观众的注意力与过多的联想。这两幅画的主人公形象一致、姿势相同，据说是先有了裸体版，约一年后画家再绘制了着衣版。画家这么不辞烦劳地绘制两幅作品，据说是因为有权者不堪画中的裸体形象而命令画家再画一幅着衣版。但是，这两张绘画如果并列起来看的话，似乎也很容易让人联想到床第之爱的事前事后。

与戈雅事出有因而多画了一幅《着衣的玛哈》不同，索德克采取这种手法是有着明确的观念支撑的。熟悉他的风格与手法的人，也仍然能够从他的着衣与裸体对比的手法发现他所习惯的、也是擅用的对比手法。当然，正如捷克艺术史家米洛斯拉夫·安布罗兹所说，这“也是对一件事物同时存在两个方面这一理论的阐释，展现了现实的二重性”[3]。裸体属于某种自然状态，作为文化产物的人，在脱去衣服之后，回归人的原初与本来的状态。而着衣这个行为，则是人类文明进化的结果，服装本身是文化，着衣行为也成为了一种文化实践。经过索德克的并置，着衣人与裸体人则构成了文化与自然的视觉对照。索德克通过着衣来呈现文化，尤其通过服饰给出一种时代特点与身份特征（有时往往是虚构的身份），又通过裸体代表自然，如此，最终则形成了一种由并置展开的文化与自然的对话。

在索德克拍摄的《里吉娜》（1976）、《一个男人的肖像》（1976）与《帕芙拉第一次也是最后一次为我摆姿势》（1978）等作品中，则可以发现德国出身的美国摄影家欧文·布鲁门菲尔德（Erwin Blumenfeld,1897—1969）的影响。在这些画面中，一块布从模特的胸口开始覆盖了大部分躯体。摄影家往往只框

3 SEE+画廊：《简·索德克》，北京，2013年，第14页。

《即将来临的美好的一天》(1977)

取从脖颈到大腿之间的躯干部位。深色背景前，被湿布包裹了的躯干上，起伏的皱褶既勾勒了形体，也赋予形体以生动的肌理。生命的质感与量感被生命之源的水，以独特的方式描绘了出来。

而布鲁门菲尔德在他的早期人体摄影实践中，就曾经尝试过以湿润的薄纱包裹人体。“湿漉衣衫”，作为一种艺术表现手法，在西方人体美术中早已有之。遮与露，干与湿，目的就是为了通过制造更丰富的肌理效果来煽动想象力与情欲。濡湿的躯体，将生命与生命之源泉的水合二为一，既紧贴身体又勾勒身体的轮廓。这种以湿布湿衫来处理人体、诱发想象的“欲盖弥彰”的表现方法，被布鲁门菲尔德成功地移植到摄影中来。而索德克则再次成功实践之。

如果说索德克将着衣人与裸体人并置，属于一种观念的挪用的话，那么他有时候的挪用则是主题的挪用。比如，索德克的《即将来临的美好的一天》（1977）的灵感来自于美国画家安德鲁·怀斯（Andrew Wyeth，1917—2009）的《克里斯蒂娜的世界》（1948）。在怀斯这幅绘于“冷战”开始之时的早期成名作里，他展示了一个残疾女子在生活中的不懈追求。在广阔的斜坡上，一个患有小儿麻痹症的女子，拖着残疾的双腿，以艰难的姿势向着冷漠地耸立在远处的一座房子爬去。由于病患的原因，她的躯体与肢体都显细瘦，在爬行中勉为其难地支撑着她瘦弱的躯体。怀斯将她的邻居克里斯蒂娜小姐呈现为背影形象，此举更令人产生一种想象。人与屋子之间的遥远距离，除了展现克里斯蒂娜的爬行困难之外，也令人联想到一种伸手可及却又遥不可及的困难处境。怀斯的这幅作品，成为了现实主义绘画中的经典之作。它不像其时正在索德克的祖国被强势推广的“社会主义现实主义”绘画那样高亢、明媚，蓄意将现实理想化、浪漫化，而是以一种沉郁的笔致，细细描绘了现实的沉重的一面。

而在《即将来临的美好的一天》中，索德克所设定的画面基调要比沉郁、压抑的《克里斯蒂娜的世界》的基调明快得多。虽然是在地下室，但画面整体调子却异常的明亮。与克里斯蒂娜的纤弱的病躯相比，那个坐在地板上的女子却是身体丰满。这位女子坐在地下室的地板上，用左手撑起上身（这个姿势与克里斯蒂娜的爬行姿势比较一致），望着窗口外的蓝天白云。她面对的是一种作为自由的象征的蓝天白云的诱惑与召唤，但她似乎也在犹豫是否就要一跃而出，奔向一个灿烂的目标。与此相反，在克里斯蒂娜那里，她虽然行动力已失，但却没有丝毫犹豫，毅然行动，已在途中。虽然在物理意义上，她要达成自己的目标，比索德克照片中的女人似乎更难，但她却断然采取行动向着目标前行。

出现在索德克作品中的因挪用而产生的与原作品间的对话，更多的是一种由原作所激发的思考。可能索德克以这样的画面在向我们作出这样的启示：有行动力者，却往往难于作出进一步行动的决定。而他所要致敬的怀斯作品中的那位残疾女子，虽然失去了行动力，却毅然决然地竭尽全力向着目标以最生物性的方式一步一步地爬行。

其实，我们甚至还可以将索德克的《大卫，永恒的孤独》（P66）这张照片也看成是他对于《克里斯蒂娜的世界》的挪用。与失去行动力的克里斯蒂娜一样，弱小的大卫，在这个人世间还没太多的凭借，也几乎没有可以在现实世界里任意行动的能力。他，大卫，如同德国哲学家马丁·海德格尔所说的“被投者”，被一种莫名的力量投放到了这条充满不安的泥泞之路上，无奈地向着一个未知的世界艰难跋涉。虽然两幅作品一幅是横构图，一幅是竖构图，但其视觉构成上其实有其一致性，即都是上下两分式构图，画面主人公（他们都是以背影呈现）都被安排在画面下方，而在画面的上部，都有沉默的房屋耸立，因此与画面中的主人公之间形成了一种空间上的物理距离。这些房子，或许是他们行进的目标，却又那么的遥远与冷漠，它们能够为他们（克里斯蒂娜与大卫）提供什么帮助与安慰，并不令人产生更多的期待。

在后现代主义的创作中，挪用往往被解释为一种基于理论的行为。但对于索德克来说，挪用是出自本能，是对于他所敬仰的作品与艺术家的一种致敬，因此作为摄影家，没有必要给出什么理由与解释。

而无论他采取的是什么手法，最根本的，是基于他对于摄影的认识：“当然了，所有令人痛苦之极的奋斗，而且是为了捕捉那些我曾经爱过的少数几个人，为了彻底地记录他们的外表而所做的令人绝望的、顽强的努力，只是一个古老的、也是愚蠢的欲望，那就是令时间停顿下来的欲望。我手中端着照相机，我的面前是我的生活，我以军人的方式下令：停下！绝不变老，永远保持青春，在阳光下无休无止地晒太阳，躺在河边的热砂上——梦见彼岸世界，在那里时间并不停顿，鲜花枯萎，没有人躲在女人的裙子底下隐瞒年老——而我们的此岸，在影像中保留了，我们永远被爱的手臂所环绕，没有人会离开我们——而河岸上的热砂也绝不会变成凝固的矿渣。这就是摄影要做的，它的意义和目标。”[4]

4 Daniela Mrázková, *Saudek*, Taschen, Koln, 2006, P44.

《我总是这样》（1980）

第七章

索德克的“怪诞现实主义”

一 所谓怪诞

从某种意义上说，我们或许可以借用苏联文学理论家米哈伊尔·米哈伊洛维奇·巴赫金（Mikhail M. Bakhtin，1895—1975）的“怪诞现实主义”概念，从整体上来讨论索德克的摄影。

在讨论文艺复兴时期法国人文主义作家弗朗索瓦·拉伯雷（Francois Rabelais，1495?—1553）的文学作品时，巴赫金指出，不同于中世纪的上层文艺作品，“在拉伯雷（以及文艺复兴时代的其他作家）那里，物质和肉体因素的形象，却是民间笑谑文化的遗产，即一种特殊类型的形象观念的遗产（尽管文艺复兴阶段发生了某些变化），更广泛些说，这是为民间笑谑文化所特有的一种关于存在的特殊审美观念的遗产。这种审美观念与以后几个世纪（从古典主义开始）的审美观念截然不同。这种审美观念，我们姑且称之为怪诞现实主义。”[1]

1 张杰编选，《巴赫金集》，上海远东出版社，1998年，第148—149页。

所谓“怪诞”，英文 grotesque，是指表面上的异形，刺激习惯了所谓“正常”的视觉，也触犯普遍的经验。但是，这种“怪诞”游离于日常的“正常”，并且恰恰拥有提示日常的“正常”普遍存在的功能。与此同时，这种“怪诞”也会以突如其来的显现，来知会、警告人们，所谓的“正常”有着不断被异常（即“怪诞”）挑战的可能性。“正常”既属于日常，因此具有一种稳定与恒常的状态，但从根本上说，它又永远处于被“异常”或“怪诞”顷刻颠覆的危险之中。所以说，日常中的“怪诞”的价值与重要性，并不下于“正常”所拥有的价值。没有“怪诞”，正常无从正常。正是从这一点来说，“怪诞”的意义非常重大。而艺术家能够正视“怪诞”并且以自己独特的手法表现的，又是如此之少。表现“怪诞”，既需要勇气、热情与敏锐，也需要足够的才华，并非人人可为。因此，具有某种“怪诞性”的索德克的艺术创作就显得尤为可贵。

索德克的摄影彰显了，摄影家越是处于现实环境的压迫与压抑之下，就越是要表现与追求那个巴赫金所说的作为“活生生的整体”的“快乐的和愉悦的”的东西。在索德克的作品里，到处回响着大胆不羁的朗朗笑声。这种“快乐的和愉悦的”东西，是昂扬的，是人性不可征服的表示，并非是一种献媚求宠的、表面的“快乐的和愉悦的”东西。因此从根本上说，这就是一种示威，是一种不妥协，是一种抵抗。

巴赫金充分肯定物质与肉体本性作为一种具体的美学追求的积极意义。他认为：“在怪诞现实主义中，物质和肉体本性是一种非常积极的因素，完全不是它的那种自私自利的形式，也完全不是脱离其他生活领域的因素，在这里，物质与肉体因素是作为包罗万象和全民的东西被看待，并且作为这样一种东西同一切脱离世界物质和肉体本源的东西相对立，同一切自我隔离和封闭相对立，同一切抽象的理想相对立，同一切与人世和肉体分离的价值追求相对立。”[2]

巴赫金还认为：“因此，一切肉体的东西在这里都这样庞大、夸张和不可估量。这种夸张具有积极的肯定的性质。在所有这些物质和肉体生活的形象中，主导因素都是丰腴、生长和兴旺。我们再重复一遍，在这里，一切物质和肉体

---

2 张杰编选，《巴赫金集》，上海远东出版社，1998年，第149页。

生活的表现和一切东西，都不属于单个的生物学个体，也不属于个别的和自私自利的‘经济人’，而属于所谓人民大众的身体、集体的身体、人类的身体（下面我们还要确切地说明这些说法的含义）。”[3]按照巴赫金的理论，我们或许可以认为，所有禁止身体的呈现或者将身体加以单纯的形式美化的努力反而脱离了人民大众，也不具有集体的属性，而索德克的惊世骇俗的身体，才真正属于巴赫金所说的“人民大众”“集体”甚至“人类”。

二 鄙俗与粗陋

索德克的手法之一就是巴赫金在拉伯雷的作品中所发现的“鄙俗化”。正如巴赫金所指出的，“不同于中世纪的上层文艺”的“怪诞现实主义的一个主要特点是鄙俗化，亦即把一切崇高的、精神性的、理想的和抽象的东西转移到整个不可分割的物质和肉体层次，即大地（人世）和身体的层次。”[4]巴赫金认为，“鄙俗化就是世俗化（人世化，落地）、就是靠拢作为吸收本能而同时又是生育本能的大地：鄙俗化既是埋葬而同时又是播种，置之死地，就是为了更好更多地重新生育。鄙俗化还意味着靠拢人体下身的生活，靠拢肚子和生殖器官的生活，也就是靠拢诸如交配、受胎、怀孕、分娩、消化和排泄这一类行为。鄙俗化为新的诞生掘开肉体的墓穴。因此它不仅具有毁灭、否定的意义，也具有积极、再生的意义；它是两面性的，它既是否定也是肯定。这不单纯是打落在地，抛下无底深渊，绝对消灭，不，这是打入生产下层，进入孕育和诞生新生命的最底层，万物都是从那里繁茂生长的；怪诞现实主义别无其他下层，下层就是生育万物的大地，就是人体的腹腔，下层始终是生命的起点。”[5]索德克的摄影的根本出发点，难道不正是从“生产下层”开始的吗？他或许没有巴赫金那种理论化的自觉意识，但他在创作中所反映出来的本能，却反过来证实了巴赫金所发现的。

---

3 张杰编选，《巴赫金集》，上海远东出版社，1998年，第149页。

4 同上，第150页。

5 同上，第151页。

索德克先是把他从心底里尊崇的人道主义（我们应该还记得他在看到了《人类一家》展览图录后流泪的事实），通过这些无论是在世俗意义上是美丽的，还是在传统意义上是丑陋的身体作一次向“鄙俗化”的全面“靠拢”，以这样的方式，他在人类的实际生活与文化等多种层面，将人的身体平等化。他以这些“鄙俗的”身体，首先消解了用于压迫人、驱使人为某种国家意识形态服务的所谓“崇高”，同时也挑战了传统的审美规范。他以在表面上令人们触目惊心的身体影像，向我们出示他对于身体表现成规的断然的蔑视与决然的推翻，最后则与我们大胆分享他在根本意义上对于生命的理解与敬意。从身体的“鄙俗化”到身体的“平等化”，可说是索德克的独特手法，也是他在人体摄影艺术上的独特贡献。他是一个彻底的现实主义艺术家，他的摄影不仅是“怪诞现实主义”的，而且也是彻底的“鄙俗现实主义”的。

索德克作品的粗陋，绝不妨碍他传达对情欲的热情关注与大胆表现，倒不如说反而增加了他作品的特有的生命质感。他作品中的女性人体形象都有一种原始生命力的自然展现，远比那些影纹清晰、布光精致、华丽却空洞的人体形象更为接近生命的本原。她们都具有一种丰满的丰饶，兼具母亲的宽大为怀与情人的热烈奔放，索德克从她们的身上求取生命原生态的美丽，借助她们的身体将喷薄欲出的生命力度一并展出。

索德克的这种粗陋绝对不是表现力的匮乏所致，而是他在具体物质条件限制下的有意识的因势利导，因而更具有一种不可抗拒的活力与魅力。他的作品证明，热情奔放的生命，是任何外在手段所无法压制的。至少在他的照片中，人们仍然在大胆地赤身裸体，在大胆地做爱，在大胆地以各种方式表达自己的情感。索德克的人体作品可说是一种黑暗中的浪漫主义，以一种不避粗俗的大胆赤裸裸地展示情色之美，并以一种强烈的生命激情步步逼近生命的真实。

比起那些以“崇高”为假面的正经、严肃与庄严，索德克一手导演的这种喧闹的视觉狂欢，或许远比那些以表面明快来掩盖实质冷酷的“社会主义现实主义”照片来得更为真实。事实上，这种索德克式的夸张的“狂欢”，表达的是极权制度下许多人失去了真正的崇高向往而表达出来的极度失落、失望与愤怒。在表面禁欲，其实内里纵欲的现实中，他大胆地以肯定欲望的方式来否定现实的虚伪。也是以这种独特的方式，索德克向禁锢人性、压制人性的极权意识形态宣战。在这样的看似轻浮、乖张、喧腾的照片面前，那些看似宏大的“理想”与响亮的口号却陡然间变得可笑起来。他并非以摄影来对他要嘲弄的对象与现象进行分析，他深知摄影无法胜任这种任务。他只是忠实于自己对于虚伪的意识形态的个人感觉，那就是——厌恶，通过展示一种蔑视假正经的哄闹，让哄闹成为一种刺穿“崇高”假面的利器。

诚如米洛斯拉夫·安布罗兹所说：“他的照片也许是一个凡人绝望的尝试，在一声呐喊中囊括了全世界的生活经验：所有的喜悦、自我否定、渴望；所有的爱与绝望，折磨，极端刺激的瞬间，以及无尽的不确定性和希望；所有的罪恶和凌驾于这一切之上的对美的赞美和迷恋。所有这一切让他迷惑。因此，他试图把这些迷惑从现实中剥离出来，并记录在一小片感光胶片上。”[6]僭越、猥亵、亵渎、佯狂、疯颠，这些成为了他的摄影表现的种种策略与手法，被他无所不用其极地使用，也因此成就了一个异类的摄影家。

6 SEE+画廊：《简·索德克》，北京，2013年，第15页。

《音乐》（1980）

第八章

索德克在中国

一　呈现在眼前的，绝不是熟悉的故事

大约出于语言、地理、文化等原因，中国与捷克的文化交流显得不是那么频繁。还没有专门的著作就此作出深入的研究，因此我这么说可能很是武断。但以我有限的了解，我认为中国现当代史上中捷文化交流的事迹，还是有着大量值得书写的篇章。

伟大的中国作家鲁迅，就曾经关注捷克文学。早在 1921 年，他将捷克文学史家凯拉绥克（Josef Karásek，后通译卡拉塞克）的《斯拉夫文学史》中之一章，以《近代捷克文学概观》之名译出，以“唐俟”的笔名发表于《小说月报》第 12 卷第 10 号“被损害民族的文学号”，并作《译后附记》一文。[1] 而鲁迅的文学作品也为不少捷克读者所喜爱。

1　鲍昌、邱文治：《鲁迅年谱 1881—1936》（上卷），天津人民出版社，1979年，第169页。

捷共党员、作家尤利乌斯·伏契克（Julius Fucik，1903—1943）写于纳粹监狱中的《绞刑架下的报告》一书，在20世纪50年代中国向苏联"一边倒"的时代里，曾经被广泛阅读。同样是捷共党员作家的雅罗斯拉夫·哈谢克所塑造的"好兵帅克"，在中国至今仍是一个深受喜爱的文学形象，小说拥有多个版本的中文译本。在中国实行改革开放之后，捷克作家在中国的接受迎来了一个高峰。扬·聂鲁达、佛兰茨·卡夫卡、博胡米尔·赫拉巴尔、卡莱尔·恰别克、伊凡·克里玛、雅罗斯拉夫·赛弗尔特、哈维尔、昆德拉等，都受到中国读者的喜爱。

而在造型艺术方面，两国的交流可能没有像文学那么频繁，但仍然保持交流。早在20世纪30年代，中国画家齐白石的作品，被捷克外交家、艺术家齐提尔（Vojt ě ch Chytil，1896—1936）带回国而进入捷克公众的视野。从某种意义上说，齐白石是捷克了解中国现代造型艺术的一道津梁。

新中国成立后，中捷艺术家之间的交流有了长足的发展。当时的捷克斯洛伐克政府为培养中国的艺术家与其他各类人才作出了重要贡献。20世纪50年代，现中央民族大学美术系罗贻教授就曾在布拉格美术学院留学。20世纪90年代，中国艺术家渠岩也曾在布拉格美术学院长期任教，为中捷文化与艺术交流作出了贡献。改革开放以来，中捷在造型艺术各方面的交流呈现出更为活跃的状态。

在这样的背景之下，捷克摄影家索德克以一种必然的、也是自然的方式进入了中国，并且在中国产生了重要影响。这在中捷文化交流的谱系中，值得记下一笔。

索德克进入中国，首先要归功于中国台湾的摄影家阮义忠的介绍。

台湾摄影家阮义忠的《当代摄影新锐——17位影像新生代》一书，最初于1987年在台湾由雄狮图书公司出版，1990年中国摄影出版社又出版了简体字版。在这本介绍了世界上17位摄影家的著作中，索德克的名字被译为"强·索德克"。

顺便提一下，受到中国读者广泛阅读的米兰·昆德拉的作品，也是在1987年进入中国的。当时，他的《生命中不能承受之轻》（韩少功译）以及《为了告别的聚会》（景凯旋译）由北京作家出版社以"内部参考"的名义出版，供中国作家与文学爱好者阅读。

由于《当代摄影新锐——17位影像新生代》出版于1987年，因此阮义忠收入的索德克作品仅限于他早期的作品。书中共收入他5幅作品:《父与子》(1966)、《丽贾娜》(1976)、《时速120公里》(1960)、《灵魂离开肉体》(1988)和《大卫，永恒的孤独》(1969)。

2014年底在广州，我曾经问起阮义忠先生是通过什么渠道了解到索德克的作品的。他说当时是看到了美国著名的摄影出版社与杂志社“光圈”(APERTURE)出版的《索德克的世界》一书才关注起他来。至于被问及喜欢索德克的哪些作品，被称为“人文主义摄影家”的阮义忠说，现在回头看，最喜欢的还是索德克早期的作品。“那些作品有一种打动人的力量。”阮义忠说。受《人类一家》影响的索德克的早期作品，也许最能与阮义忠的摄影美学观产生共鸣。

在这本书里，阮义忠如此评价了索德克拍摄于地下室的作品：“索德克在地下室所经营的图像，简单地说，就是一种青春期的幻想，充满苦闷和寻求解脱的冲动。而在这种情况下，‘梦的出口’就十分重要了。它代表了情欲的解脱；代表生命成长的苦与乐。”[2]尽管此书收入的索德克摄影作品并不多，而且因为时间关系也没有办法收入他后期的作品，但他鲜明而强烈的风格，已经引起了许多中国艺术家与摄影家的关注。

在这里，需要对于索德克进入中国时的中国摄影界如何接受国外资讯的情况作一简单回顾。

1978年改革开放之后，中国的摄影家们面临了全新的社会环境。一直以来作为宣传手段的摄影，开始有了更多的功能分化。思想解放运动的兴起，对于中国摄影家来说，就是如何重新让摄影直面急剧变化的现实、记录并展现社会的发展与变化的机会。为了了解国外同行的工作，中国摄影家也非常希望了解国外的摄影资讯。大家都知道资讯是重要的，但是获得资讯的渠道仍然狭窄。当时只有一些专业机构可以以有限的外汇通过唯一的国外图书进口渠道“中国图书进出口公司”订购一些国外出版物。但这些进入中国的国外摄影出版物并不能为更多的人所用。

---

2 阮义忠：《当代摄影新锐——17位影像新生代》，中国摄影出版社，1990年，第84页。

孙良，索德克拍摄

此外，当时的专业摄影杂志也在一定程度上担负了介绍国外摄影家的任务。虽然也有一些国外的摄影家被以各种不同的方式介绍进来，如一些展览会等，而且有时还颇具影响，但相对系统的、独具眼光的、有深度并且有中国人自己观点的国外摄影介绍则仍然很少。当然，由谁介绍，如何介绍，会在一定程度上决定被介绍进来的国外摄影家如何被接受，以及所产生的影响。当时已经出现了以介绍国外摄影为主业的摄影杂志，如北京的《国际摄影》（1989 年停刊）。但这样的杂志也有其局限，如因为篇幅原因而不能长篇深入介绍与评述某个国外摄影家的工作。加上编辑人员观念上的问题，这本杂志着重介绍的往往都是一些颇具形式美感的摄影作品，而大胆创新、突破禁忌的作品则往往没有机会在这样的官方杂志上露面。

在这样的背景下，身处台湾的阮义忠以专著形式对国外摄影家进行介绍，比起当时杂志的做法，显然可以更为深入，而且在摄影家的选择上也更具个人立场。当然，这样的介绍对于中国摄影家来说也就更为解渴。阮著的文体之清新，也是当时的大陆摄影书写者们所不具备的。再加上当时台湾在社会开放与资讯开放方面走在大陆前面，因此像阮著这样的书一经面市，就真是一纸风行，无往而不胜了。

鲁迅美术学院摄影系主任、摄影家刘立宏教授至今还清楚地记得，他是在 1992 年通过阮义忠的《当代摄影新锐——17 位影像新生代》才了解到索德克的工作。而令他印象深刻的索德克作品，则是那些拍摄于地下室窗子前面的人体。“我当时非常喜欢。”刘立宏后来回忆说。

以下是笔者尝试通过对一些中国艺术家和摄影家的简略采访，以还原索德克独具一格的摄影进入中国时，与中国摄影家发生初次碰撞的情景。

现居上海的画家孙良，大概是最早接触到索德克本人的中国艺术家。2007年，孙良去捷克举办自己的玻璃作品展览，在展览会上他与索德克初次见面。那次，索德克告诉孙良说："我们俩很像，作品中都表现女人乳房。"在布拉格期间，他还多次与索德克在各种场合见面。后来，索德克还在自己的工作室里为孙良拍摄了肖像照。在孙良的印象里，索德克的工作室就是他家里的一间小屋子，而且他的拍摄对象基本上是摄影家认识的人。孙良说，与中国艺术家的工作室往往巨大空旷不同，索德克的摄影工作室小而紧凑。

孙良回忆说："至于与索德克摄影作品的接触，那就更早了。应该是在1990年代初，确切地说，大概是1992年或者1993年，李旭（现上海当代艺术博物馆副馆长）在为上海美术馆图书资料室购买国外艺术参考图书时，买进了索德克的摄影画册。我当时看到他的作品时，感受近乎于震撼。因为他照片中的社会性、暴力以及性欲表现都以一种强悍的方式展示了出来。他照片中的地下室意象所传达的情绪，也正好引起我们这些当时处于'地下'状态的画家的共鸣。我向李旭借出这本画册，放在手边看了好长一段时间。说到对于他作品的最深刻的印象，现在来看，虽然有点模糊，但封闭的空间与虚幻的窗子所烘托的压抑的性，让我至今难忘。"

在上海生活工作的摄影家陆元敏（1950— ），其街头摄影作品以呈现上海人的日常生活而广为人知，受人喜爱。陆元敏说，他也是从阮义忠的书中发现了索德克。陆元敏印象最深的索德克的作品是那张青年坐在栏杆上看火车飞驶而过的照片（《时速120公里》）。当然，索德克在地下室里拍摄的一些作品也是他所喜欢的。陆元敏还注意到，"他照片里的云彩特别好"。对于这些作品里对云的处理，陆元敏觉得不可思议。他说，"我特别好奇索德克的地下室的窗口外怎么居然有云彩翻滚，后来才发现，这是他在暗房里做出来的。"

毕业于鲁迅美术学院、曾经做过摄影记者、现在北京生活与工作的艺术家王宁德，则清楚地记得，他首次见到索德克的作品是在他的大学时代。他认识的一个画家从国外带回了索德克的摄影画册，他因此在这位画家那里首次见到了索德克的摄影作品。他说，像索德克的那张青年坐在铁道栏杆上的照片令他

《黑咖啡中的甘露》，索德克对话刘铮

《情色与尺度》，索德克与刘铮对话的海报

至今记忆深刻。当然，地下室作品也是王宁德所喜欢的。他更指出，尤其难得的是索德克摄影风格的转变，即从那些具有传统人文主义色彩的风格取向，转到了后期那种以情色表现为主要特色的风格。王宁德认为，这两者之间跨度颇大，摄影家能够成功转型颇不容易。王宁德还回忆说，“我曾给深圳的酒吧翻拍了一张索德克的少女肖像，放大了贴在酒吧里。这是一张我非常喜欢的肖像照片。”

撰写过大量的摄影史论专著的上海师范大学教授林路，现任该校摄影专业主任。他在回忆何时接触到索德克的摄影时说：“想不起来最早是在什么时候‘认识’索德克的，或许是在阮义忠的《当代摄影新锐》一书里，抑或是当年的《现代摄影》。但是电脑中留存的文字证明，早在 1990 年代后期，我在一本介绍世界摄影名家网址的书中，就写下过这样的文字：‘进入简・索德克（1935— ）的网页[3]，充满的是神秘和恐怖的气氛，全部黑色的背景上，一幅幅视觉强烈的作品隐隐呈现，引人进入个性独特的迷宫。……主页上有这样一段话：简・索

3 http://www.acc.umu.se/~argali/saudek/saudek.html

德克属于沉默静坐式的摄影家。他在旅途中很少发现有趣的东西，感到有一种异国的或画意的恍惚。他不像那些走向大街的摄影家，如阿杰特、科特兹或卡蒂埃－布列松，拍摄了太多的日常人的生活场景，而是将他的地下室构成了照片的主要因素。……当你按照上面的网址进入他的主页时，必须要有足够的思想准备。因为呈现在你眼前的图像，决非是你所熟悉的经典画面，也不是一般正统的道德观所允许的视觉形式，甚至会给人以一种强烈而丑陋的刺激感。但是请先不要退出，这决不是一个色情网站，也不是一个无聊的低级趣味的展示空间。简·索德克是一个在摄影界被公认的摄影家，他的创作实践之所以不符合我们习惯意识中的审美思路，这不是他的过错，而是我们看到的东西还太少。中国正在一步步走向世界，但这条走向世界的道路还很漫长，我们千万不要以为外面的世界就是这样的——仅仅是井底之蛙所看到的空间。在这个世界另一个空间所发生的故事，即使在我们的身边现在还不存在，也不要轻易地否定，很难说在以后的某一天，相同的故事就会在你的身边发生。请以放松的心态进入简·索德克的网页吧，仅仅只有八幅作品的小小的空间，让我们知道世界上有这样一个摄影家，在讲述着一个和别人不同的故事，这就够了。’这是我对于索德克的摄影较早的认识。”

2013 年 4 月，在北京的 SEE+ 画廊，举办了索德克在中国的第一个个展，让一直只是从印刷品上看到他作品的中国专业艺术人士与摄影爱好者看到了他的大量原作。

稍后，在捷克共和国驻中国大使馆的艺术空间“艺馆”里，另一场名为《黑咖啡中的甘露：简·索德克／刘铮》展览也拉开了序幕。这是一个双人展，主角之一是索德克，另外一位主角是蜚声国际的中国摄影家刘铮。这是一场少有的中捷摄影艺术对话，在北京引来了相当热烈的关注。捷克共和国驻中国大使利博尔·塞奇卡（Libor Secka）在为展览所写的前言中指出：“简·索德克和刘铮的摄影作品都关注事物的本质与其中的关联。他们带领我们到现实的表象之下，探寻本质，揭示晶莹的内核。他们从不惧怕直言不讳，亦不惧怕直面梦想。……他们带着喜悦与悲悯，达到了超越的境界。他们甘愿为这个混乱的世界担起‘责任’，用夸张的手法和永恒的幽默。”[4]

从 1990 年起中国艺术家、摄影家开始发现索德克，到 2013 年索德克本人现身中国，这中间经过了 20 多年的时间。索德克在中国期间，许多媒体采访了他，他的影响也进一步扩大。

2014 年，“索德克旋风”又刮到了上海。2014 年 3 月 14 日，首次到访上海的索德克出现在上海当代艺术博物馆。在那里，他举办了讲座并且放映了与他有关的电影，受到听众与观众的热烈欢迎。第二天，他又来到位于上海的创意产业园区“M50”内的全摄影画廊。他的个展《我所做的是记录一生所遇的人》再次掀起了高潮。这次展览由捷克驻华大使馆与《Lens 杂志》共同举办。来自上海、杭州的艺术家、摄影家与评论家与索德克展开了一场对话。画廊总监黄云鹤，画家孙良，摄影评论家林路与顾铮，摄影家罗永进、矫健、周明与朱锋等参加了座谈会。当时正在上海的法国策展人阿兰·朱利安也出席了座谈会。在热烈的交流中，谈兴勃勃的索德克还当场在画廊展厅空地上为大家表演了俯卧撑。也是在上海的展览会上，他告诉笔者，“这里所有的照片其实就是一本家庭相册。”或许，这是摄影家索德克对于自己一生工作的最精辟的概括。

这次在中国，索德克还有一件重要事情要完成，那就是在中国举行他与宝拉女士的结婚典礼。在出席了上海的展览与各项活动后，他飞往北京，在捷克驻华大使馆与宝拉女士举行了婚礼。这是一次被延迟的婚礼。在 2013 年，他就有在北京举办婚礼的计划。为此，捷克共和国驻华大使馆已经为他的婚礼作好了一切准备。可是，在最后关头，他发现自己忘了带出生证明来，因此婚礼只能推迟。2014 年，在中国北京，他在捷克共和国驻华大使馆如期举行了他的婚礼。

二 今天，索德克对于我们意味着什么？

在今天，索德克对于中国摄影家意味着什么？

这个问题，应该而且可以延伸到本书之外，成为所有有机会阅读本书的读

4 捷克共和国驻华大使馆艺馆：《黑咖啡中的甘露：简·索德克／刘铮》，2013年，第5页。

捷克驻华大使馆与 Lens 共同举办的展览《我所做的是记录一生所遇的人》海报

者一个思考摄影的契机。

首先，这是一个艺术家如何保持主体性的问题。索德克在极权政体之下，顽强地以一己之力实施个人的艺术计划、追求个体的艺术梦想，并且最终作为一个艺术个体存活了下来，其作品也得以行世、存世，在世界摄影史上留名。他以自己的艺术意志毅然面对试图操控或粉碎个体的权力意志，坚持以发自内心的艺术来坚持表达个人的意志与想象。他有足够的才华，但他没有像靡菲斯特那样以自己的才华与魔鬼签约、作交易。在他的艺术实践中所体现出来的这种主体立场、坚毅追求与持续努力，对于今天的中国摄影家与艺术家来说，具有什么样的现实意义？

今天的中国艺术家，他们所面对局面非常复杂，身处多重制约之中。他们可能既要面对权力的制约，也受到作为另外一种权力的市场的利诱。在这种情况下，包括摄影家在内的艺术家，如何保持主体的独立与清醒，去追求自己的梦想，确实成为了严峻的考验。从索德克的艺术经历中，我们或许可以得出这样的结论，那就是对于一个真诚的艺术家来说，真正重要的是，他能不能从自身对于现实与生活的真切感受出发，尽可能地排除各种干扰，听从自己的内心召唤去展开创作，并且最终创造出经得起历史检验的作品。

除此之外，整体意义上的索德克的艺术实践还有什么值得我们思考与借鉴的？需要说明的是，这里所作的讨论，并不是艺术“成功学”意义上的探讨与分析，而是力图从艺术本体论的角度来展开讨论。

对于人类文化的旺盛的好奇心，使得索德克的艺术借鉴来源多样，丰富多彩。

在这样的基础上“花样翻新”，是他能够形成自己鲜明的艺术风格的重要因素之一。一个优秀的艺术家需要宽广的视野与健康的容纳力。他既能关注人类的文化遗产，也能吸收当今的优秀成果。而且，他还能够在消化之后有机地、自然而不生硬地纳入到自己的创作系统中去，最终放射自己的光彩。这种消化与借鉴，并不是机巧地、不着痕迹地把别人的“发明”转化为出处不明的“自己的”东西，而是堂堂正正地展现其自有的源头，并且在此基础上根据自身对于生活与现实的体验和经验，以自己的“再造”在人类艺术图像锁链中加入自己的贡献。从索德克的工作可以发现，他既通过自己的如“挪用”等的艺术实践表现了对于人类文化的尊重，同时也以这种方式表达了基于艺术家个体的对于人类艺术文化的致敬。这种致敬，既表明了他对于创造性地传承这一艺术行为的致敬，也表达了他对于人类文化丰厚的传承这一传统本身的敬意。

勇于变化，敢于尝试不断地变化，或许可以说是一个艺术家的基本职责。但囿于各种因素（如艺术市场等），在艺术家自己的面目与风格相对稳定之后，改变风格甚至是从根本上改变自己的艺术取向与追求，是会带来巨大风险的。但是，正如中国艺术家王宁德所发现的，索德克是一个能够毅然“变法”的摄影家。从前期可说是“人类一家”式的人道主义关怀摄影，转型到无法以什么标签命名的、打造出了索氏自家风格的摄影，这个转型，于索德克是经历了严峻考验才得以实现的。但是，他的转型获得了广泛的承认。这当然是他艺术上的成功，但有几个人能够经受脱胎换骨实现这样的转变？

索德克的这种转型，并非是为转型而转型，而是从自己生活的切身体验出发，在自己的艺术实践中因势利导，因陋就简改变自己的风格。这同时告诉我们，这种转型需要艺术家的巨大勇气，他要敢于转型，也需要艺术家有足够的敏锐能够及时把握自己生命、生活中可能带来转型的机遇。试想，有几个人在面对之前的“成功”时有勇气继续迈出没有未来保障的探索步子？但是，索德克行动了，而且成功了。这种不计成败的探索勇气的确值得中国的艺术家深长思之。

而在艺术语言的锤炼与发展上，索德克也向我们展现了语言与技法的重要性。观察索德克的作品，颗粒、反差、影调，但凡摄影所要求的技巧上的要求，他都成功地掌握，并且运用得炉火纯青。他具有足够的能力将自己想要表达的观念游刃有余地表达出来，能够在艺术表现的所有环节上保障自己的想法不受阻碍地实现。这种对于高超技法的要求，不是我们每个从事艺术表现的摄影家应该具备的吗？如何以具有高度艺术技巧的“话”（语言）把艺术家深思熟虑的“理”（观念）说清楚、说好，是每一个艺术家都要面临的重大问题。

当然，我并不是说索德克的一切艺术实践可以当然地被我们所借鉴。从某种意义上说，索德克已经完成了他作为一个他所处时代的艺术家对于历史所负有的使命。对于我们来说，最重要的是，我们如何以自己的艺术来担负起对于自己所处历史的责任。这可能是索德克的艺术对于我们最具启示意义的地方。

《火箭升空》（1987）

第九章

“每个人都是一辈子在唱自己的歌”

扬·索德克长篇访谈

对索德克的采访是在他的家里进行的，一共四次，时间分别是 2014 年 8 月 7 日、8 月 8 日、8 月 11 日及 8 月 13 日。这四次的采访经过整理后，构成了本书第十章的主要内容与第九章（即本章）的全部内容。需要说明的是，出现在这两章中的访谈内容，并非严格按照采访时的交谈顺序，而是经过了重新的调整组合，以便读者更清晰地了解摄影家索德克的摄影与人生。

正处盛夏的布拉格，显得绿意盎然，生机勃勃。从我居住的布拉格市三区齐什柯夫（Žižkov）出发，经过大约半小时的车程，就来到了索德克位于布拉格西南郊区山上的住所。

我第一次到访时，索德克已经在屋外的路上等候。这是我们第二次见面，之前曾经在上海见过。在索德克家里，甫一站定，他就从音响里抽出正在播放着的捷克音乐家斯美塔那《我的祖国》的 CD 赠给我。知道他曾经与刘铮在北京捷克驻华大使馆里一起举办过双人展，我为他带来了刘铮的新版《国人》摄影集。翻看之后，他说：“刘铮从社会学角度来拍摄也很好。他的作品里面也有可怕的东西。”他还问，这些照片是谁选择的。他明确表示，不应该由摄影家自己选照片。没有过多的寒暄，很快便进入采访。

在采访中，索德克或滔滔不绝，或陷入沉思寻找合适的表达。虽然不懂捷克语，但可以凭直觉发现，他是一个善于表达的人。而且，经常还没有等我开始发问，他就已经开始滔滔不绝地讲述自己的经历或感想。显然，对于自己的人生与艺术，这位享誉世界的捷克摄影家有着太多的想法要与人们分享。

在此，衷心感谢捷克汉学家李素女士在我每一次采访时所作的精准翻译。

也感谢索黑先生每一次准时的接送。

顾铮（以下称顾）：索德克先生，你好！你的一生都献给了摄影。我的第一个问题是，你为了什么而摄影？

索德克（以下称索）：我所有的好照片、好作品都不是为钱而拍的。为钱而做的作品永远不是最好的作品。我是为了爱情做作品，不是为了金钱。

世界上有好些著名的摄影家，如法国摄影家亨利·卡蒂埃－布列松，到 50 岁时就不再摄影而是开始画画。我也不认为自己会再摄影了。50 岁是人生的一个转折点，你想说的早就已经表达完了。50 岁是个判断标准。人在 50 岁时有没有自己新的事业，是一个人的人生分水岭。

顾：请你谈谈自己的摄影观。

索：我小时候非常信任家庭。我怀念自己的童年，那是一种奇妙的感觉，与家人在一起的童年生活是一个奇迹。

第二次世界大战时，我虽然只是个小孩，但我亲身经历了那场世界大战。中国也同样经历了那场战争。我现在慢慢地失去了这种感觉。这种情况在我的晚期照片中也反映出来了。我的晚期照片有种苦涩味，这说明我的眼光与心情发生变化了。我早期作品与现在的作品差别很大。随着年纪变化，人的心理与生理会发生变化。我现在的照片更灰色，有一种伤感在里面，而年轻时则对于生活特别有信心。如果我现在还是像以前那样做作品，那一定是不诚恳的。如果我不诚恳，那么我的作品就成为谎言了。

现在很多人认为，写作、摄影之类是谁都会做的事。你从小会写字，要写小说好像不难，要拍照的话也有操作很简便的照相器械，快门一按下去就有照片出来。人们现在要做这些事似乎都很方便。但真实的情况究竟如何呢？其实要做一个好的作品，非常之难。花样滑冰看上去非常简单，但必须得学会滑冰才能进一步开始花样滑冰。

我曾经试过舞蹈、唱歌与写作，也有一些东西留下来，但这并不等于那是好的作品。我真正的、唯一的成就，就是我的摄影。摄影是我唯一的强项。是的，唯一的强项。

我现在留下的最著名的五张照片，都是我导演摆布后拍摄的。它们看上去很纪实，但都是经过我安排导演的。

我也要说，我的照片不是捷克的，也不是欧洲的，而是全世界的，是具有普遍性的。

我认为好的摄影作品必须具备以下三个方面：1. 才华；2. 努力与意志；3. 运气。如果这三个方面同时出现，那就会有好的作品出现。如果这三个方面完美地结合在一起的话，出来的作品就有可能超越时间，成为永恒的经典。

比如，我有一张很好的照片，可能我说不出是在什么时候拍摄的，或者可以这么说，是什么时候拍摄的并不重要。但那就是上面说的三个方面的完美结合的结果。（顾：是哪一张？）一个母亲与两个孩子那张。还有我抱着刚出生的儿子的那张也是。

在这三个方面，才华、努力与意志，还有运气同时到来的时刻，也只有摄影才能够把它作为一种奇迹保存下来。真正意义上的好的摄影家，有能力让时间停止下来。世上所有人都希望能够把时间停下。这也是所有人的愿望。

优秀的摄影家如果能够活得长久的话，那么他的一生就能够拍到 7 张好照片了。（顾：为什么是 7 张？）因为 7 是一个吉利的数字。（顾：在中国，6、8 和 9 都是吉利数字。）也许也可以按照中国的说法，说 8 张。7 其实只是一个象征。

我喜欢瑞士出生的马格南摄影记者沃纳·毕肖普（Werner Bischof，1916—

1954）。他生前留下了 3 张伟大作品。如果他能够活得再长久些，可能会有更多。至于我自己，我认为目前有 5 张，我希望最终能有 7 张或 8 张。

顾：我衷心希望你能够实现这个目标。

索：可能会有点跑题，但我想在这里说说中国，说说我的中国想象。

小时候我母亲带我登上日普山（Říp），那是捷克民族的象征地点，传说中我们的祖先切赫登上日普山后决定他的部落要在此定居下来。从此就有了捷克国（切赫国）。山上有建造于一千多年前的罗曼式圆顶塔。后来有朋友带我去法国南部的阿尔勒市，我看到了古代的罗马剧场，有两千多年的历史。可是中国呢？中国拥有四千多年的文化，那是多么悠久的文明啊。我在中国深感惊讶，30 年前的中国与今天的中国相比，差别是那么的大！中国确实是未来的世界第一大国。你能够看出，中国是在向上走。我在上海看到了繁荣，当然这里也很繁荣。

我很高兴自己在中国受到欢迎。我在上海接受电视台采访时，他们告诉我美国摇滚音乐明星米克·贾克尔也在上海，可是主持人却说我比他更有名。

顾：受欢迎的感觉一定很好。

索：可是大家感兴趣的是你有多少女人。我觉得“有”这个概念是荒谬的。男人不可能“有”女人。有人生气杀死了情人，然后吃了她。这才是“有”。

顾：这可是你对于“有”的独特见解。

索：我拍摄照片时，从来不会花费精力去说服人。我一般不会要求人家去做什么，怎么做。一般来说，都是他们自己找上门来的。这跟我做书和做展览是一样的，那都是人家找上门来的。当然，有时结果好，有时结果只是一般。

我觉得，照片是好是坏，很大原因在于模特。模特是人，有时候就得看你的运气如何了。在拍摄时能够抓住一个特别的时刻就好。这个世界上天才不多，要紧的是你得有非常的意志力。至于运气呢？我还算幸运，到现在我还活着。而许多人已经先走了。

休德克布拉格工作室小园（顾铮拍摄）

顾：主动请你拍摄的人，哪些会被你拒绝？你是从自己的美学观出发，来判断是否要拒绝吗？

索：这是个很难回答的问题。其实，有的人你再怎么拍也拍不出他的好照片来的。不是这个人漂不漂亮的问题。有的人站在照相机面前好看，但最后拍出来就是不好看。这里有个“上相”与否的问题。不过，人家来了，你总得要拍他，但有时如果拍得不理想的话，你可没法交出去啊。这种时候，你要么就躲起来，否则他一直向我讨作品，就会弄得我很为难、很不高兴，精神上很痛苦。

有时候记者会问我，对于那些胖女人，你如何说服她们脱下衣服来？我说我从来没有说服过她们。我不认为胖是不美丽的，只是有的文明认为瘦是美丽的罢了。我不能逼人家做她们不愿意做的事。每一个女人都是贵人，都非常高贵。在摄影上，我从来没有要说服她们如何如何。我也试过去说服她们，但结果并不好。只有双方自由选择才会有好结果。

昨天在报纸上看到一篇文章的标题，“不管你做什么，你总是会后悔的”。我觉得这话是有道理的。在捷克，人们认为生活是美丽的，是长久持续的，这就是我也想在自己的作品中表达出来的理念。我发现自己是女人的摄影师。因为女人才理解真正的生活，而男人并不理解生活。捷克有个作家写“女人小说”，如此说来，我的摄影就是“女人摄影”。

顾：可以说说你的女性观吗？

索：第二次世界大战时，我还是个小孩。那时我就听说，濒死的人在最后关头从来不会说“爸爸”，他们嘴巴里喊的总是“妈妈”。我认为女人是神，是存在的证据。我的这个想法在捷克会受到大家的笑话，因为捷克人不太信神。但我相信女人是神创造的结果。我和女人在一起生活，但我始终觉得女人是无法了解的。说了解女人就像说了解一条大河那样，实际上是不可能的。我说到的我拍摄的五张最好的照片之中，有一张拍摄了一个被火烧伤的残疾女子，可她的梦想是做舞蹈演员。我是想用照片来表达我对于她们的感激之情。没有她们，我们永远不会存在。当然，我还用照片来表达对于她们的无限迷恋。

顾：这可能是你作品中始终如一的东西？

索：我知道我一直在重复自己，可是每个人都是一辈子在唱自己的歌。如果我还年轻的话，有可能会学汉字，这就可能是另外一种表达了。可是我现在年纪大了，这已经不可能了。我很喜欢约瑟夫·休德克。其实他一辈子就在唱同一首歌，从不改变。是的，他的葬礼我也去了。那是1976年，我去参加了他的葬礼。其实，如果喜欢一个人，是不应该去参加他的葬礼的。他在战争中失去了一只手，没有结婚，也没有孩子，与他妹妹生活在一起。他们是情人，我当时不知道，后来知道了，因此对他有了新的认识。这反而更人性。我曾经拥有一张他的肖像照，是我已经去世的前妻在他去世前一年给他拍摄的。这是他生前所拍摄的最后一张肖像照片。不过这件作品后来在离婚手续中被那位女人分走了。

顾：在你看来，性与摄影的关系是怎样的？

索：性爱一定是我的作品与艺术生命中的重要部分，是不可割舍的。市场要求暴力和性爱，很多作品在这方面的表现很差。我相信我的作品中虽然也有这些，但它们的背后是有着更为深层的东西的。像好莱坞电影《华尔街之狼》就很傻。

但我的作品不是那样的东西。这就是说，虽然市场是有这方面的要求，也有可能出好作品，但这得看是什么人在做。

顾： 你的作品经常会引起争议，有些人认为你的作品中与性和暴力有关的场景太直接了。

索： 我的一些照片的确与性和暴力有关，有些俄罗斯人接受不了。中国人好像很开放，我还没有听到反对声。

客观地说，这世界上好像没有一个被所有人接受的最好的摄影家。不过我认为 19 世纪的法国摄影家纳达尔是个好摄影家。经常听到有人说谁是世界上最伟大的摄影家，我认为这话太荒谬了。我非常尊重在他的创作里有着道德元素、人性成分与人道观念的摄影家。对我来说，专业人士如何评价我的工作其实不是最重要的。最重要的是，有路人对我说，索德克先生，你的照片很美好。有时候，评论家会把好的作品说得一无是处。贝多芬的第五交响乐在首演时也被批评得一无是处，但是后来呢？它成为了经典。我可不想拍让人觉得好看的、让人喜欢的照片。因为我靠画画就能养活我自己。我不是为活着而拍照片。

顾： 你是在哪里学习绘画的？

索： 自学的。我不认为我会画画。在早先，我像我哥哥那样画素描。大家都知道摄影会取代绘画，但照片不值钱，可以扔掉。我在 20 世纪 60 年代开始画油画。这是因为我经常失眠，我边绘画边听古典音乐来帮助自己入睡。我还用写明信片的方式来渡过不眠之夜。我给人写信不要人家回复我，我这么做只是为了自己渡过长夜。我现在的希望是能够画画、写作，完成一部电影。恰别克（捷克文学家，作者注）的时代之后，就没有人写得出像他那么好的小说。我想写一个人的生活，一生的故事。展现两种不同的人生看法，悲观的和乐观的。

顾： 在你的一些作品中，表现母女关系也是一个重要主题。

索： 母亲与女儿的关系其实是很复杂的。母女冲突是老年人的智慧与年轻人的勇敢之间的冲突。勇敢的确很重要，对于年轻人尤其重要。母女关系之间的冲突会很强烈，有时在表面上不一定会表现出来，有时会表现出来，甚至很激烈。在女孩子的成长过程中，与母亲的关系会有危机，会吵架，这种关系有美、背叛与出卖等各种因素在起作用。在捷克，母亲是媒婆。母亲自己成为女儿的中介。妓女很悲惨，但也很健康，人生就是这样，我不想把它美化。我小时候看到干旱很害怕。因为知道土地没有水分就长不出东西来。很多人看见下雨很不高兴。但要知道，是雨水给土地带来生机。

顾：听说你最近还在忙一部有关你的电影？
索：是的。2015 年 1 月 8 日要上映一部有关我的电影。那是一部故事片，剧本是我合作完成的。电影由捷克电视台出资拍摄，由捷克著名女导演伊蕾娜·帕芙拉斯阔娃（Irena Pavlaskovsa）来执导筒。捷克驻中国大使利博尔·塞奇卡先生也希望明年春天能够在中国放映。电影与我的个人经历有关。写的是作为摄影家的主人公之前的情人如何欺骗他，以及他如何重新开始自己的事业的故事。当中有许多做爱的画面。这部电影要拍我一生的故事，里面有一些比较开放的东西。现在的社会比 19、20 世纪的社会更野蛮一些，因此电影里的暴力成分会多一些，这些东西在公映的时候可能会有一些问题。

实际上之前已经有过好几部有关我的电影了。但那些电影太正常了，因此没有太大反响。但这一部不一样，可能会引起极端相反的两种评价。电影全长两个多小时。因为内容的原因，在电视里播出的时段可能要改变，从晚上 8 点改换到晚上 10 点播出。

顾：这部电影的投资有多少？
索：4000 万克朗（约 1000 万人民币，作者注）。

顾：据我所知，1991 年，日本的北海道东川町国际摄影节给你颁发了“海外摄影家奖”。
索：我不知道。不过有一次日本人邀请我去访问，我也办了签证，但最后没有去。因为坐飞机很难受，我连美国也不想去。而且那时签证费也很贵，要 800 克朗。

不过和日本公司的合作很愉快。他们请我拍摄过时装照片。一切都那么自然，很信任我。我和日本公司合作过两次。一次是在捷克拍摄，另一次是在西班牙的巴塞罗那拍摄。都是拍摄时尚照片，但不太成功。我想拍摄的是人的真实。我要拍的不是让人觉得好看、让人喜欢的照片。可时装摄影的要求不是这样。我没有讨好人家的必要。我依靠画画就能够养活自己。

另外，想到日本人在中国做过的坏事，我在感情上处于中国人这一边。

顾：有不少有关记载都说到，由美国摄影家爱德华·斯泰肯策划的《人类一家》展览图录对于你的摄影产生了重大影响。你是怎么得到这本图录的？

索：去年圣诞节时还有人送我这本书的复刻本作为礼物呢。这个展览非常著名，人道主义的立场非常鲜明，影响也很深远。当时这个展览在世界各国巡回，但捷共不允许美国人在捷克斯洛伐克做这个展览。这本图录我记得是一个外国人送给我的。我当时已经有点名气，也有外国人送钱给我。我看了这本图录就哭了。斯泰肯用了 12 个主题来组织展览，有两张照片还展现了捷克斯洛伐克的情况。

顾：在文化上，对你的摄影产生了影响的有哪些方面？

索：美国文化对我的影响不小。音乐，舞蹈，杰克逊·波洛克的抽象绘画，诺曼·洛克威尔的绘画，汤姆·沃尔夫的小说等。

另外美国的《生活》画报也影响了我。在布拉格有美国文化中心，我们都会去那里看书看杂志。那时美国的《生活》画报可以借回来看。我们就用捷共的报纸把这些画报包起来，带回家去看。

另外俄罗斯文学对我的影响也很深。我受到过苏联作家索尔仁尼琴的影响。

去年，宝拉送给我一本中国作家莫言的小说《丰乳肥臀》，他从另外一个角度看母性，我感受很深。可惜我对于中国文化没有了解。我 60 岁时才知道马尾巴有骨头、有肉。知识是没有穷尽的。

我非常喜欢模仿，而且模仿能力很强。说实话，模仿其实就是偷别人的想法。我不能去艺术展览会，因为我怕自己在展览会上看到人家的想法后会偷来模仿。因此我只能把自己关在家里，让自己去凭空想象。

顾：可以举个受他人作品影响的例子吗？

索：有啊。我的那张父亲和小男孩一起向远处走去的照片，想法就是来自尤金·史密斯的照片。1947 年，我看到了他的那张《步向天堂乐园》的照片。在 20 世纪 70 年代，我就拍摄了自己的这张。不过确实有人注意到了我的照片的灵感来源。我喜欢聪明的人。我大多数时间都和孩子们在一起。他们可爱，但不够聪明。

顾：现在还能够找到这本对你产生了这么大影响的图录吗？

索：可能找不到了。1969 年，“布拉格之春”之后，捷克斯洛伐克关闭了边界，捷克斯洛伐克人申请出国就变得很麻烦。我是在边界关闭之前出国去了美国的。捷共是在 1948 年通过大选上台的。捷共当时上台后就关闭了边界，这种状况一直持续到 1968 年。在 1968 年到 1969 年期间，捷克斯洛伐克人又可以申请出国了，而且手续也比较容易。后来又再次关闭了边界。

顾：你在美国呆了多长时间？

索：五个星期。语言不经常用会忘记的。在美国期间我一直用英语。回国后认识了一个女生，捷克人，她帮我学习英语语法。在美国的访问成为我人生的重要里程碑。芝加哥美术馆的策展人休·爱德华兹送了我许多书，都是好书。他对我说，你一定要继续拍！这对我是最大的鼓励。

顾：为什么在一些作品的时间标注上，你写的是 19 世纪的某个日期？

索：现在我已经不这么做了。那时这么做是因为当时有些艺术家被监视，秘密警察经常传讯他们，他们的作品就列入黑名单，不能出境。有些来捷克的外国人、捷克侨民买了他们的作品出海关时，如果被发现就会被海关没收。于是我就想了个对策，把照片上的日期写成 19 世纪。这样的话，如果警察来问我这是不是我的作品时，我就可以说是我父亲的照片，那上面的日期可以证明不是我这个时代的东西。这个做法其实也超越了时间。当然，如果要给照片装裱配框的话，一般是看不到那个日期的。

顾：那么当时你在日期标注上有什么规则吗？

索：有的。比如画面上写 1894 年，那么你加上 100，那就是 1994 年放大的。加 100 是基本原则。日期是放大照片的时间，不是拍摄时的日期。我也比较喜欢在照片下面写上几句话。不过有时会多加 50 天，有时就是第二天的日期。

顾：这么做可能会对研究你作品的人造成困难。

索：生活本身就是复杂的。我用直觉来生活。我不在乎这个问题，当然我也希望所有事情能够清楚、顺利。不过我也不像罗伯特·卡帕（Robert Capa，1913—1954）那样，有着明确的目标。我是原始人。我不喜欢把艺术与生活分开来。我的艺术与生活是一体化的，这就说明我是一个原始人。

顾：在你的一些照片里有用到摄影暗房技术，把几种元素组合在一起。这样的暗房技法是在学校里学到的吗？

索：这是我自己发明的。像那张《嘿，乔伊！》，在天空部分我就加上了云彩。这张照片是在查理大桥边上的一个地方拍摄的，是自拍的。

顾：为什么用了很美国化的标题？

索：因为当时美国摇滚明星吉米·亨德里克斯在捷克斯洛伐克很流行，这是他歌里的一句话。我认为，有好的名字，会对照片有帮助的。当然，如果照片本身不行，给它起再好的名字也没有用。好的照片一下子就能看出来。坏的照片也一样，也是一下子就能看出来。

顾：你对自己作品的标题是怎么看的？

索：我觉得观众喜欢看文字，如果照片下面有文字，也会激发起观众的兴趣。比如我的那张《斯拉夫女儿和她的父亲》，其实就是一种幽默。照片中，她的父亲是用头颅来替代。有时候，我照片的标题只是为了开个玩笑罢了。

顾：能否谈谈你在集中营里的情况？

索：你知道纳粹屠夫门格勒吧。他对双胞胎有特殊的兴趣。我和哥哥就是双胞胎。不过我们当时是小孩，不太知道他的特别意图。我和哥哥在集中营里，不太明白外面的情况。我记得当时看到了战斗，也看到过人被活活逼死。我曾经看到过一个年轻的德国士兵被吊死在树上，这对于小孩来说影响太深了。那个士兵也只是个孩子，但战争使得人们相互残杀。我本来要求在正在拍摄的那部电影里以这个场景作为开始，但被导演拒绝了。我活下来了，不过我小时候的犹太人玩伴都被纳粹杀害了。这种特别的经历会对我的摄影产生影响。不过我不会像刘铮那样去拍摄尸体。我喜欢鲜活的生命，我被生命所吸引，我觉得自己的照片中有爱情。有人觉得我是一个挑衅者，但我不认为自己是这样的人。我只是以我自己的方式让人们看到生命的美丽。以前去河边，人们在那里赤身裸体，有各种各样的人，各种各样的身体，胖瘦不同。你知道，人的胖瘦是无法改变的。我那时的女朋友对我说："我们人类很美。"她的这句话给我留下了很深的印象。

顾：你和哥哥卡莱尔的关系如何？

索：现在说说我哥哥卡莱尔。他说他的漫画作品给几百万人带来了快乐。我也但愿自己能够如此，能够尽量给人带来快乐。上次说到我父亲对于我的重要性。其实我哥哥是我这一辈子第二个重要的人物。我非常爱他。我的童年与青年时代是与他一起经历的，我一直很崇拜他。但是很奇怪，现在对于他就没有爱情了。爱会消失。但我不会恨他。就是对于他什么感觉也没有了。他一生喜欢女人，说是有过 500 个女人，可是现在他成了个植物人。你看，生活就这么残酷。

我哥哥对我的摄影有很大影响。他给了我很多启发。他帮我发现重要的想法。比如，一个女人，身穿衣服与脱了衣服之后的对比性展示手法，就是我哥哥帮我发现的想法。我哥哥的素描对于我的启发也很大，给了我很多灵感。他比我伟大得多，什么事情都能够做得比我好。他也是个意志很强的人。有时候我们两人比赛，我已经受不了哭了起来，但他还没有放弃。他写作，也画画，就是没有尝试过摄影。如果他从事摄影，肯定做得比我好。（顾：他这么做，是不是为了不至于毁灭你？）也许。因此，我父亲和我哥哥这两个男人影响了我的

卡莱尔·索德克海报作品

人生。

我所遇到的女人们也影响了我的人生，但她们没有像我父亲和我哥哥给我的那么多。她们给了我孩子，但是也拿走了很多。但我父亲和我哥哥对我只是给予，没有索取。我父亲是一个纯洁的人，是这个世界上非常少见的人。这世界上的大多数人都有罪，内心有阴暗的东西。但我父亲没有，因此非常稀罕。

顾：1991 年，在英国的一个会议上，女权主义者们对于你展开了猛烈攻击。你去开会之前知道这个会议的性质吗？

索：她们觉得我不喜欢女人。其实我最喜欢女人。说我仇恨女人真是误会。我钟情女人！我当然不知道这个会的性质，但我来了之后发觉情况不对。在会上我变得紧张起来，然后就突然用英语说起来了，而且是用流利的英语来向她们作解释，结果一下子把她们征服了。这可是我的特点。我只要一上舞台，就一定要表演。而且人越多，我就越兴奋，表现就越好。在我面对很多人时，我的表演欲就会上来，像演员一样。记得有谁说过，"在舞台上你必须得说话。"

顾：你的生活哲学是什么？

索：我崇拜成功。还是有些人喜欢我的，我到现在为止从来没有失败过。我的人生基本上是成功的。所有我写的书都卖光了。我在德国塔森出版社出版的作品集《索德克》共印了两万本，很受欢迎，可他们不愿意再版了。这本书有很多盗版，这可不太好。我有几本书是非法的，盗版的，作品明信片也有盗版的。我开始觉得很生气，但现在觉得这很好，这总要比作品没有流传好。我也希望这次拍摄的电影会成功。上映后会有人热烈鼓掌。

顾：现在还从事些什么体育运动？
索：跑步、举重、体操。我每天散步，一周要走 50 公里。

顾：对你来说，你觉得写自传与写小说，哪一个更能够吸引你？
索：我觉得自传谁都能写，这会很无聊。如果我的照片没有意思。我这个人也肯定没有意思。因为我就是照相机的后背。作为摄影家一定要避免无聊。为了吸引更多的人，你要会制造话题。我母亲在圣诞节给我们烤面包，她会在里面放葡萄干。我们兄弟俩恶作剧，把葡萄干拿掉。她很生气，说你们把葡萄干拿掉了叫我怎么做面包？

顾：1998 年你举办了名为《再见，扬》的回顾展，你觉得这个展览如何？
索：这是我个人最成功的展览，因为是入场人数最多的，也因为谁也没有写评论文章。

顾：你对于专业评论怎么看？
索：不满意。那些批评家说我在走下坡路。

顾：你的照片基本上都是以导演的手法拍摄的。以这样的手法拍摄了这么多的照片，是不是也可以认为你是一个戏剧导演？
索：首先，我比较感兴趣的是中国与东方的传统戏剧。它们依赖观众的想象。我不喜欢现实主义的戏剧，不过我喜欢俄国作家契诃夫的戏剧。其他人的戏剧有太多的表现，太过夸张。很久以前，我在意大利出了一本书，名叫《生活的剧场》（此书出版于 1991 年，作者注）。这本书的书名就起得很好。生活像戏剧，人人都在扮演自己的角色。一部戏成功与否，取决于每个人能否演好各自的角色。一个人的人生也是如此。莎士比亚是最伟大的戏剧家，是我这辈子特别喜欢的戏剧家。我的叔叔在第二次世界大战前翻译了他的许多作品。我最喜欢他的《哈姆雷特》，我认为他写得很好，回答了人生的许多问题，也涉及人的关系等。以后没有人能写得这么好。如果总结一下的话，莎士比亚是对我影响很大的作家。其实很多人都不喜欢自己的角色，希望做与自己不同的人。我是个摄影家，可我最想做的是歌手，但是我唱得不怎么样。如果能够当歌手，就圆了我的梦了。

顾：在你自己的许多摄影作品中，无论是人的活动还是作品本身的风格，有许多表现都是比较夸张的。

索：在我的作品里确实有许多过分的表现，戏剧性因素也比较强。这样的表现是有作用的。这是在顺应人们的梦想。很多人会问我，通过这样的画面我究竟想表达什么意思？我会回答说，我也不知道想表达什么意思，但我知道这么做能够给人看到平时看不到的东西。艺术不是为了回答问题的，艺术是为了提出问题。曾经有一位母亲和她的两个女儿请我给她们拍照。我请她们穿 19 世纪的服装，这就有了一种那个时代的浪漫气息。拍完后，我再请她们穿男孩的衣服，让她们扮演在日常生活中不可能实现的事情，我用这样的方式来向人们展示人们心中的一些想象。

我一直认为出现在我作品中的人都是我生命中的过客。我的拍摄也是我怎么看这些我的拍摄对象的尝试与努力，也有可能这当中就反映了他们希望通过我的角度来看到的自己。这些作品有时成功，有时失败，需要50年的时间来检验。50 年过后，如果是好的就是好的了。我有时候在想，这想法可能有点怪，那就是我的作品与我的性欲有很大关系。人的年纪大了，作品的力量就弱了，这与我的年纪有关。以前性欲旺盛，现在不强了。很强的性欲与意志力相结合，会对创作产生很大的作用。而意志又来自体育运动。我认为身体健康很重要。身体是要每天锻炼的，不能半途而废。我的很多同年龄的人平时吃吃饼干，喝喝啤酒，看看电视就打发了日子。而我从来不看电视。我喜欢在电视里给人们带来欢乐，却不喜欢人家通过电视给我带来欢乐。我喜欢在台上，而不是坐在台下。现在的我比以前更多反思了，所以现在话就说得多些，做得少一些。我现在话多，因此就多写作，也画画。人可以多说话，继续做梦，这不是坏事。我也希望能够继续做出伟大的摄影作品。但也许已经做不出来了。有时候翻翻自己过去的作品，会发现这些作品当中有我以前没有发现的东西，有的很有分量，但以后还会不会有这样的作品就不好说了。

顾：在你的一些作品中，尤其是一些戏剧性很强的作品中，具有明显的波希米亚文化色彩。在你的艺术中，犹太文化和波希米亚文化这两者之间是什么关系？
索：我没有怎么考虑过波希米亚文化与自己的关系。我同意在我的一些作品中，有一种看起来愚蠢粗俗的东西在里面。这可能在表面上与波希米亚文化有关。不过我希望我自己是一个世界公民。有人喜欢把世界分成东方和西方，可是我希望自己是南方和北方共同的儿子。我是犹太人，我的故乡在南方，巴勒斯坦那里，但我现在身处于北方，因此我是南方和北方共同的儿子。我喜欢把自己看成是融汇了南方和北方的人。

人们在介绍我时说我是捷克摄影家，我很高兴。我很爱国。有些捷克人抛弃传统，我可不会这样。我希望在我身上，世界性与民族性的关系能够达成一种和谐。在有些国家里，爱国主义太过分。我认为爱国不是仇恨别人、别国，更不是去打仗。在美国，爱国就是把国旗在家门口竖起来，我喜欢这样。我曾经在水中救起过两个捷克小孩。我希望能够有机会救起一个黑人小孩。

顾：你有没有宗教信仰？
索：我相信神的存在，这是一种超越性的存在。如果没有上帝、神的话，就不会出现像女人这样的生物。信仰很重要，给人在道德上带来原则与规范。我认为宗教与信仰是有意义的。人生经常是残酷的，而且很残酷，但也非常传奇，值得我们去好好欣赏它。我说到道德与伦理，你可能认为我没有资格来谈论。因为我做了不少伤害自己亲人的事。打个比方吧，你坐在飞艇里，下降的时候必须往外面扔掉一些东西。为了让我自己飞起来，我必须往外面扔东西。如果你面临问题，你必须作选择。一般人会对于自己的选择心生后悔，但我不会后悔，即使导致了别人的死亡。不过我也做过一些好事。1950 年，在泳池里，一个小孩突然不见了，是我跳下去把他救了出来。

顾：你觉得一个摄影家的语言能力重要吗？你的语言能力很强。

索：有的语言很难听。我就不喜欢德语。硬硬的，像打仗一样，感觉很粗暴。我岁数太大了，没有机会学汉语了。我曾经和一些外国女人有交往，可是从来没有向她们学习过她们的母语。我有过日本的、法国的女朋友。其实，人的交往从来不需要语言。要交流的话总有办法。我决定在自己的余生中以崇敬的目光来看这个世界。

顾：可以谈谈你对自己人生的评价吗？

索：我要说明一点，我应该感谢摄影。我这一辈子有过的一切都是来自摄影。感谢摄影。我生命后半部分的40年生活是很美好的生活。我心怀感激。我希望自己不认为自己伟大，但我知道自己的价值。我并不是个骄傲的人。我觉得世界上有些摄影家很骄傲，比如出访时要求坐头等舱什么的。我觉得谦虚是美德。人应该学会低首，有敬畏之心。我有个荷兰摄影家朋友曾经说过："摄影家就是面临两个要解决的问题，一个是女人，一个是金钱。"人生两大问题，女人和金钱。许多人并不去考虑这两个问题。这两个问题的关系错综复杂，相互矛盾，要解决好很难。

顾：在有关介绍中，说到你在1984年才成为官方意义上的"自由职业摄影家"，能不能请你具体介绍一下这是怎么回事？

索：在1989年以前，捷克斯洛伐克政府规定所有人有劳动的义务，不劳动是一种罪行，会把你抓进监狱。我做了33年的工厂劳动者，但我一直在坚持自己的业余摄影创作。我有个朋友是国家美术馆的副馆长，他说服了当时捷克艺术基金会的一些委员，让基金会给我八个月的考验期，之后我的身份就可以变成为"自由职业摄影家"。有了这个身份，就意味着你没有工资收入了，你得依靠自己的作品来维持生活。不过这样一来，我的职业身份就自由了。因此，我终于获得了工作上的自由。我当时虽然没有固定的工资收入，但我有来自国外的出售作品的收入，因此可以维持生活与创作。当然我的妻子当时闹得很厉害，因为我成了"自由职业摄影家"后，会有女人来我的工作室做模特了。在你的生活中，

《捷克 1968》

有些人是帮助你的，而有些人却是给你添麻烦的。生活总是这样。

顾：捷克经历了 1968 年的"布拉格之春"和 1989 年的"天鹅绒革命"这样的社会大事件，你以实际行动参加过吗？在当时会想到过拍摄些照片作为纪录吗？

索：总体来说，这些动荡其实对我没有影响。我在潜意识里认为这些事件的重要性有限。第二次世界大战时，同样有许多人在瓦茨拉夫广场向纳粹宣誓效忠。后来同样是这些人在 1948 年投票赞成共产党上台。然后他们在 1968 年去瓦茨拉夫广场反对苏联军队入侵，1989 年，他们的儿子们去喊"让哈维尔当总统"。今天还有 40% 的人认为共产党时代是好的。但社会确实有一些好的变化，可是我不相信这些行动。我不会去看那些事，我只会在自己的工作室里做自己的事。当然，约瑟夫·寇德卡去拍摄了那些历史场面，那是件了不起的事。

不过，有时我也以我的方式作出某种表示。比如我拍摄的《1968 年》。那画面中挥旗的人是我儿子。可能底片已经没有了。

顾：在结束采访时想再次确认一下，对于你来说，什么是摄影？

索：我有时会觉得很难过，见过一个人后可能以后永远见不到他了。而摄影呢？摄影可以抓住一个人。这个人虽然走了，但摄影把他保存下来了，让他成为记忆。在美国，人们和我告别时说 SEE YOU。可我却意识到以后不会再见到他了。虽然我们还是说"再见"。我的一个很大的愿望是，以后当我回首往事时，可以认为我过的生活是美好的，见到了有意思的人，人生旅途的风景很美好。我认为人生最美好的时光是当下。有人会认为过去是美好的，在捷克，现在还有人在说斯大林时代有多好，其实相反。

《父与子》（1966）

第十章

“我一生中的五张好照片”

在采访索德克时，他提到自己一生中拍摄了“五张好照片”。本章特地从对他的长篇访谈中抽出有关这“五张好照片”的部分，结合他个人对于这五张照片的拍摄经过的介绍以及我对于它们的详细解读，以达成加深对于他的工作方式与艺术的了解的目的。

希望这样的尝试能够获得读者的肯定。

1.《我爱过的姑娘》（*The Girl I Loved*），1994 年

索德克自述：

我一生中的五张好照片，第一张是一个女人肖像。为那张照片，我花了足足一年时间才拍摄成功。因为她很害羞，而我也不敢伤害她。她是一个残疾人，因为火灾失去了左手与左腿。我认识那个女人时她才 19 岁，那时她是我的情人。

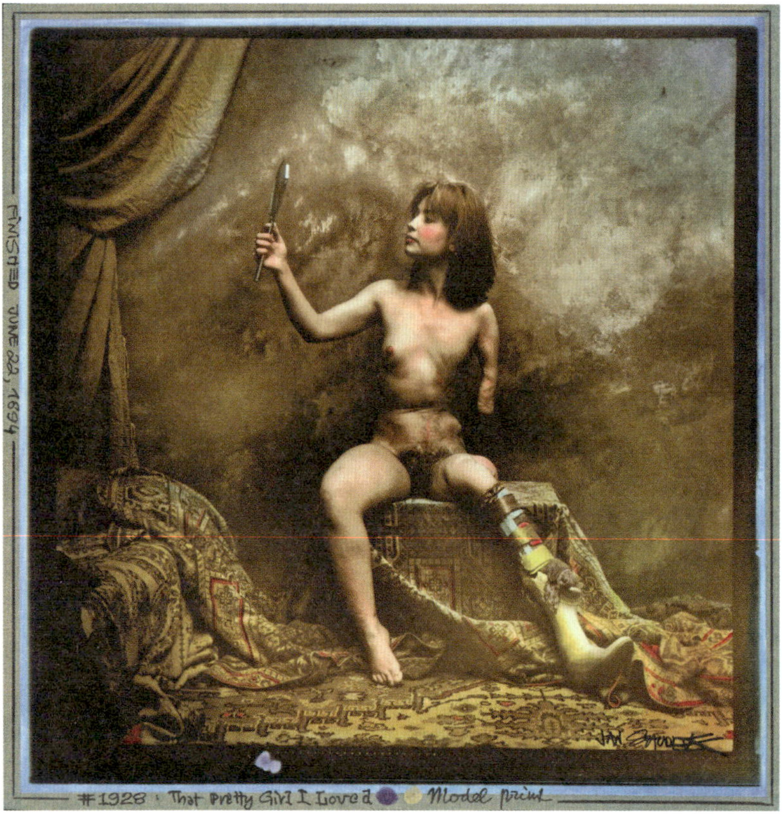
FINISHED JUNE 22, 1994
#1928 · That Pretty Girl I Loved
Model print

《我爱过的姑娘》（1994）

我和大家一样，被她深深吸引。为什么？因为她的这些残疾之处自有其特别的吸引力。

我和她每星期约会一次。我拍摄她时也不喝酒。因为我需要在拍摄时保持头脑清醒与平静，而喝了酒我就不能保持这样的清醒与平静。我花了一年时间才拍摄到了这张可以称为“我一生中的五张好照片”中的一张。

后来我们分手了。那是因为我酒后的胡言乱语伤到她了。出于好心，我说等以后医学发达了，会修复好她的残疾肢体。她听了这话就特别生气，从此不和我来往了。我知道她有自己的人格尊严，她要我就是爱她现在这样的身体，而不是什么医学条件好了以后修复好的身体。让她伤心的就是，我实际上在心理上还是不能够接受她现在这个样子。而我的好心话却暴露了我的心态。我真的很后悔说了这样的话，虽然是好心。

过了几年，这张照片发表后，有一个女人找到我，她因为患上减肥强迫症，人瘦到只有 30 公斤，希望我能够拍摄她。我还以为我们会做爱，但最终不行，做不了。我在想，这是怎么回事？后来才明白，她是病态的，没有吸引力。

可残疾不一样，那不是病，因此才有很大的魅力。那不是病态。病态与残疾是两个概念。前者是心理有问题所形成的，后者是有它特别的美感在的，因此才具有吸引力。

知道美国摄影家乔尔·彼得－威金吧？彼得－威金因为拍摄残疾人而著名。但他是以残疾人来吸引人。而我拍摄的是希望，要表现的是她身体中健康的那部分，也希望表现她的人性，但这又恰恰证明我还不能全面接受她的身体现实。彼得－威金的作品有好的，他现在也在拍摄花草，但艺术市场要求他必须继续拍摄残酷的。我在法国有一个朋友，他采访过彼得－威金。这个朋友告诉我说，彼得－威金告诉他，他必须保持这样的一个形象。所以说，他对于媒体的种种说法，许多都是他在编故事。

15 年前他想要来捷克拍摄。他竟然异想天开地想要把尸体搬进我的工作室来拍，还说会带一个小女孩来拍摄。我说：“X 你的，你自己去拍吧。我不喜欢尸体，死的东西。你那是野蛮！”他是个好摄影家，他认为在美国做不到的事在捷克就可以做到。在波兰，他拍摄了女人与马性交的画面。可我不同意他在我这里拍摄小女孩与尸体在一起的照片。在美国也肯定不能这么做。

或许，摄影家之间、艺术家之间都有比较大的敌意吧。毕加索和马克·夏加尔，这两个大画家住得很近，有人问夏加尔，你如何看毕加索？夏加尔回答说，我从来没有听说过他。几年前有一个评论家说，最近 20 年在捷克最有名的摄影家是谁？前 20 名里索德克根本排不上名；可是到了可以做展览的时候，只有索德克被邀请参加展览。我听了这话很高兴。

顾铮评述：

在对索德克的访谈中，这张作品是摄影家在五张作品里首先提到的，可见在他心目中的地位之高。

画面中的女性因为火灾而致左侧上下肢体毁损。索德克与她有过一段谈情说爱的交往，并且最终令她放松地让他拍摄了她的裸体照片。这张照片在中国展出时也引起较多关注，因为将残疾人士以人体摄影的方式加以表现，在人体摄影表现的谱系中也实属罕见。

我们看到，索德克为了掩饰画面中女主人公的腿部残疾，而在她的左腿残肢部位包裹了布料，也让她穿戴了义肢。而矛盾的是，她截肢的左手则没有做任何的遮掩，被他直接呈现了出来。对于残肢这样的处理，可谓大胆。而他在画面处理中，还因为展现了她身体完好的另一半而让她身体的两种不同情况形成了对比，因此更突出了生活的残酷与命运的不公。她因此成为了一个矛盾综合体。她的身体本来拥有着最完美的比例，但现在则有着令人深深遗憾的部分，但就是这种矛盾与冲突集于一体的情况，或许更符合人的本来面目。她可能只是在身体外形上显现出了矛盾与冲突，而更多的人则是在内在里为各种现实所带来的矛盾与冲突所折磨。

我们知道，索德克是一个喜用、擅用对比元素来强化视觉效果的摄影家。在这位女子身上，所谓的美丑、所谓的有用与无用，以如此残酷的方式巧妙地合为一体。或许这也是触发索德克通过这样的人体呈现来展开一种有关美与丑的关系的探讨的原因吧。

画面中，她手举镜子面对自己。这是索德克的“点子”还是她自己的建议？

面对自己的伤残的身体而直视之，这是一个需要勇气的行为。她的这个行为让我们看到，她坦然地面对真实的自己。索德克通过对于这个持镜动作的呈现告诉我们，她能够面对自己并且全面接受自己，包括自己的伤残。重要的是，他没有让她悲悲切切地出现在人们眼前。她有尊严，神采焕发，神态安稳，而且如同我们在索德克的访谈中所得知的，她对于自身的伤残以及身体的理解，其实远远超越了索德克对于身体残疾的理解。

索德克擅长并且热衷于自拍摄影。他的《镜子，在墙壁上的镜子》（1989），就是一幅自拍摄影作品。裸体的摄影家，以夸张的姿态伸出手去，抬头看着执于手中的一面镜子。在这个体操式的姿势里，充满了摄影家对于自己的强健身体的自满与自豪。因此，在他手里的镜子，是一种对于自身健美的证明与确认。但是，手持镜子凝视镜中之我这个动作，在不同的作品里是被赋予了不同意义的。

五年后，他拍摄的这张《我爱过的姑娘》，女孩手中的镜子则成为了战胜自我，勇于面对自我的证明。

也许，这是一个有关美丑如何视觉化的案例。这里涉及到的是，什么是美？什么是丑？常态意义上的丑，因为什么原因成为了美？正常与病态之间的关系如何艺术地处理？

2.《流浪狗》（*Drifter's Doggie*），拍摄年代不明

索德克自述：

上面已经说过那张残疾女人的照片，我现在说第二张。那时有个流浪汉酒鬼来我的工作室见我，请我给他的狗拍照。那狗一下子就跳上那把椅子坐了下来。等我按下快门，它就跳了下去，再也不上来了。那个酒鬼醉得一塌糊涂，倒在了我的工作室。然后我把他送回公园里去了。这张照片后来印成了明信片，很受欢迎。别的捷克摄影家不会给流浪汉拍照的。

（顾：那是在你那著名的地下工作室里拍摄的吗？）不是在那里拍摄的。你说我那个著名的地下室工作室吗？ 1989 年有贼进来偷窃，偷走了里面所有的东西，我也因此就离开了那里。后来我给前妻盖房子时，曾经模仿当时地下室

《流浪狗》

的样子又重新造了一个。是的，那墙壁很特别。那面墙让我在全世界出了名。因为那个地下室很潮湿，而我拍摄的人的肤色都是白的，有这个深色背景作衬托，视觉效果就很好，我自然就用上了它。不过我要强调，我不是拍摄墙壁的摄影家，我是拍人的摄影家。

顾铮评述：

诚如索德克所言，他是一个敏捷的摄影家。而作为一个优秀的摄影家，除了敏捷，还必须敏感。他能够全身心地开放自身，感受、感知生活中的一切，并能够作出符合其职业身份的及时反应。敏感的心灵加上敏捷的身手，才有可能成全一个优秀的摄影家。作为一个敏感的摄影家，索德克不会放过生活中的偶发事件。这张照片，表现出他作为摄影家的敏捷，同时也展现他作为一个优秀摄影家的敏感。这虽然是一幅狗的肖像，但其实是一种精神状况的肖像。从它那哀伤的眼神中，人们可以读出它想交流、想倾诉衷肠的愿望。它的孤独神态，其实体现了精神的孤独。索德克的这幅作品告诉我们，所有生灵，其实都是渴求理解与关注的动物。

从画面效果来说，索德克很好地处理了视觉肌理。狗的有机自然形态与桌子的几何造型形成了刚柔的对比。而狗的毛发、桌布、斑驳的墙面等，相互之间也形成了一种肌理上的交响。因此这张作品对于人的视觉与心理的触动是综合性的。

这张照片被索德克放在他的大型作品集《索德克》的最后位置。它乞求的姿态与目光，是否就是摄影家借以向观众与读者表达他本人渴望交流与理解的态度与心理？

3.《犹太人墓地》（*The Jewish Cemetary*），1975 年

索德克自述：

《犹太人墓地》，1975 年拍摄。没有经过安排，水龙头就是那么偶然地开着。

那里是一个犹太人墓地。现在这个景象没有了。一个美国犹太人的教会组

《犹太人墓地》（1975）

织花钱重新整修了这个墓地，把它弄得干干净净，但是诗意消失了。这张照片是我拍摄的风景照片中最好的。原来是用黑白胶片拍摄的，然后我自己再做成棕色。这张照片表面上看起来没有什么，但对于我却很重要。你知道，摄影与时间有着很大的关系。这是一张有关时间的成功作品。

也许你会问到我为什么去墓地。因为墓地里有我的家族，也埋葬着我的前妻，所以我经常会去那里。美国作家威廉·福克纳说过，只要我们回忆我们的亲人，他们就一直和我们在一起。我在墓地里和他们对话，回忆。让走了的人与我呆在一起。我和哥哥是双胞胎，但卡莱尔就从来不去墓地。他认为这些人从来不在那里。可我不这么认为。

顾铮评述：

墓地里，少了开关把手的水龙头正不断地流水，在水面激起阵阵涟漪。由于摄影家所用的光圈较大，因此画面景深显得较短，背景因而一片朦胧。而逆光的处理则更清晰地勾勒出水龙头的轮廓。索德克以坏了的水龙头来讨论时间。水龙头坏了，无法阻止水的流出，在视觉上形成一种水流无法停止的观感。时间，具有连续性。在照片里，无法停止的水流就象征了时间的连续性；同时，也是水流，以动来打破了画面的静。它激起涟漪，水面激荡开来，平静就此被打破。沉默和宁静，也因此被打破了。

人们可能会问，时间的流逝以什么来呈现？时间的流逝如何视觉化？在索德克这里，就是以这个无法关上的水龙头中流出的水来象征流逝的时间。这里流淌的不仅是水，更是时间。他以哗哗流出的水提示人们重视如水一般无情流逝的时间的重要性。

索德克认为这是一张风景照片。显然，这样的风景，与人们，尤其是中国摄影家们所熟悉的风景概念有相当大的距离。以局部的视角来探讨一种哲学的命题，而不是以大而无当、一览无余的"全面"来表达空洞的"壮丽"，或许是他与那些所谓的风景摄影家们的根本区别。如果说这是一张风景照片，那么也是一张别具精神性的风景照片。当然，这张照片也是一张结合了风景与静物的照片，是一张以"静物"水龙头为视觉中心展开的风景照片。

《我的父亲在墓地》（1975）

《犹太人墓地》以一种抒情的方式，将永恒诗意化。在这张照片里，索德克含蓄地告诉我们，没有什么力量能够战胜时间。时间，最终会战胜一切。

4.《我的父亲在墓地》（*My Father*），1975 年

索德克自述：

这张照片拍的是，“二战”后，我父亲在埋葬他兄弟们的墓地里徘徊。他们都死在了纳粹的集中营里。

我和父亲的关系非常深刻。父亲在“二战”时见过纳粹屠夫艾希曼，那是在纳粹集中营里。艾希曼踢了我父亲一脚。他后来在以色列受到审判。我观察父亲对于审判的反应，发现没有什么特别的。父亲认为善与恶之间的泾渭并不那么分明。

离他不远处，还可以看到另外一个墓碑，上面镌刻着“马尔塔，1940”“维洛尼卡，1942”……那都是只有几岁的孩子。看着这些，我受到的打击太大了。杀小孩，那太残酷了。

（顾：你父亲在“二战”后继续工作吗？）继续工作。1945 年 8 月后他回家了。他的身体在集中营里受到了严重摧残，需要休养。我当时 10 岁，不过当时没有感觉到什么。我父亲从来没有仇恨过别人，也没有感到痛苦。如果要移民到美国或者以色列去，痛苦记忆也许会如影随形。他经历过两次世界大战，他会给我讲受伤的人的痛苦。他是一个很平常的人，给我说的都是一些简单的道理，但对我的一生都很重要。他告诉我：“走上一条路就要一直走下去。”我非常重视这句话。

我虽然出生于犹太人家庭，但父亲并不是一个严厉的人。他从来不打我。只有家里的女佣人打过我。回忆有时是很微妙的。他是一个理想的父亲，非常温和。我年轻时很傻，内心觉得他太没有男子气概了。后来过了一些年，我自己也上了年纪，我就觉得自己很佩服他，感到他很了不起，是一个理想男人。我父亲在 81 岁时去世。在父亲去世前，我和他告别，我没有感觉到有什么后悔，没有什么可以后悔的事。在他手术前，我曾经跟他说，等做完手术后我们一起

去游泳。后来手术失败了，我就失去了这个机会。他是个模范男人。父亲老年时，在大多数人眼中他是个可笑的人，大家不太尊重他。但我认为他在道德上远远超过其他人。不过，我可不像他，我做过很多不好的事，比如导致前妻自杀等。可是我父亲可以看出善与恶的区别。

顾铮评述：

“波西米亚的墓地像花园。坟墓上覆盖着青草与艳丽的花朵。朴实的碑铭掩隐在绿荫之中。夜间，墓地里布满星星点点的烛光，仿佛众亡魂在举办儿童舞会，是的，儿童舞会，因为亡魂都如孩子般纯洁。不管生活有多残酷，墓地里总是一片安宁，哪怕是在战争年代，在希特勒时期，在斯大林时期，在所有的被占领时期。每当她（书中主人公之一萨比娜——作者注）感到哀伤，她就乘车远离布拉格，到她最喜爱的公墓里去走一走。那些乡间的墓地，在蓝蓝的山丘映衬下，宛如摇着摇篮的女人一样美丽。”[1]

诚如昆德拉所描写的，西方人对于墓地并不如中国人那样拒斥。他们会在某些非常个人的时刻去宁静的墓地，与死者展开默默的对话，寻求一种心灵的沟通与交流。从某种意义上说，出入墓地是西方人日常生活的一个组成部分。

这张照片拍摄在一个落叶遍地的深秋时节。墓园里的土地被落叶所覆盖。一个犹太老人在墓地里伫立。他在怀念，在静静地与死者对话。那是在控诉纳粹的大屠杀？还是在怀念自己的亲人或朋友？或许，对于遭受了种族灭绝之痛的犹太老人来说，在这里怀念被纳粹迫害致死的死者一事本身，就是对于纳粹暴行的控诉与抗议。

这幅面对死亡的父亲的肖像，也是摄影家索德克展示自己的身份认同的视觉表达。他父亲头上戴着小圆帽。这是典型的犹太人用以辨识身份的标识。同时，他还在胸口佩戴着一枚六角大卫星，那是犹太教与犹太文化的标志。在今天的以色列国旗上，也有大卫星。在纳粹时代，作为辨别犹太人的标志，在纳粹集中营里要求所有犹太人都在衣服上佩戴大卫星。这种强迫性的要求，使得

1　米兰·昆德拉：《不能承受的生命之轻》，许钧译，上海译文出版社，2014年，第134—135页。

大卫星与犹太人的痛苦记忆联系在了一起。"我的父亲"，是犹太人，那么"我"是谁？毫无疑问，"我"也是犹太人。《我的父亲在墓地》当然也是有关犹太人以及犹太人的集体记忆的一个视觉展现。

作为纳粹大屠杀的幸存者、纳粹集中营恐怖生活的亲历者与见证者，索德克通过摄影作品所发出的声音，既是对于纳粹大屠杀的强烈抗议，也是他对于通过各种方式将人类耻辱的历史蓄意遗忘的举措所给予的强力警告与提醒。当然，索德克也以他父亲在墓地的形象来提供一种思考生死的契机。这也是这张作品的重要之处。从某种意义上说，索德克的所有作品最终都归结为生死这个命题。

如果说《我的父亲在墓地》这张照片既记录了父亲徘徊在个人记忆中的状态，也成为了摄影家有关父亲的影像记忆的话，那么《我的母亲》（1976）则从另一个角度记录了摄影家的母亲，并且为家族记忆提供了新的篇章。

在《我的母亲》中，索德克以他母亲年轻时的美貌（通过她手持的肖像照片加以表现）与他拍摄母亲时她所展现的衰老的身体作为对比，告诉我们身体的美的非持久本质。而母亲的精神上的优雅与深邃，则仍然透过他的照片散发无遗。对于母亲的记忆，不仅是她的美貌已经为过往的肖像摄影所记取，而且也以索德克自己独特的摄影手法将她衰老的形象一并记录下来。有了这两种不同的母亲形象的并置或者说相互包容，摄影家索德克的有关母亲的记忆变得更完整了。值得一提的是，他的这幅作品也很容易令人想起罗丹的雕塑作品《老妇》。

在忙于以摄影的方式来欢迎一个接一个地来到自己身边的小生命，并且以热烈、浪漫与苦涩相融汇的笔触来刻画他们的悲欢喜怒，并且表达作为父亲对于他们的热烈之爱的同时，索德克也以摄影的方式展开对于父辈的记录。由此，他把他的孩子们的影像、他的自拍创作以及他的父辈影像这三方面的内容，经过一段较长时间的积累，构成了一部相对完整的家族记忆相册。

索德克的这些有关家人的摄影作品，都从不同角度、以不同手法将摄影家的个体记忆化为一种视觉意象丰富的追念。在他那里，摄影与记忆的关系变成了一体化的关系，摄影也很自然地转化为一种叙事与记录同一化的媒介。

摄影，当然是一种记录的手段，而且是一种记录的利器。但这种记录，往往形成了记忆的基础，并且最终——这个最终有时所经历的时间是如此之短——摄影的记录注定要成为记忆本身，并且以照片这么一种具体的物质形态呈现出来。当然，在数码摄影技术突飞猛进的今天，人们的记忆形态有了巨大的变化，从照片转向了电脑屏幕上影像，但摄影与记忆的关系并没有发生根本的变化。人们仍然以照相机来捕捉生活的片断并且储存起来，尽管储存的介质发生了变化。索德克的家族记忆影像，既为家族与家人保存了记忆，这些作为证据的视觉记忆，也为捍卫家族记忆甚至是民族记忆作出了独到的贡献。

5.《父与子》（*Life*），1966 年

索德克自述：

其实我自己并不喜欢这张照片，因为那不是我想象的样子，可是没有办法，它偏偏很受大家欢迎。我觉得这张照片表现的是人的意志的重要性。即使在糟糕的情况下我们也应该坚持下去。

这张照片是我 31 岁时拍摄的。那天我去医院，孩子刚出生。有个水手和我一起。我当时想要拍摄的是一个强大的男人抱住婴儿。我站在过道里，这时一个护士把孩子抱了出来。她说："快点。"你知道，男人是不能进产房的。但那个水手看到刚刚来到人世的婴儿居然害怕起来了。没有办法，我只能自己来抱孩子了。这孩子不是我抱的第一个孩子，所以我已经知道应该怎么来抱住婴儿。然后我让这位水手帮我拍摄了这张照片。

我对于画面做过裁剪吗，但不大。不过我把头部给裁剪掉了。头部不重要，最重要的是呈现父子俩，他们不是陌生人。这张照片非常流行，也有很多人模仿它。那些模仿的画面中，大人都穿着牛仔裤。但我当时并非特意这么穿的。

1976 年，有家德国画廊以海报的方式出售这张作品，赚了 100 万马克，可是我一分钱也没有拿到。我后来还曾经试过再这么拍，可是效果都不好，不如这张。我这才知道，我想说的东西已经都在这张照片里了，今后再怎么拍也不可能会超过这张照片了。照片要表现的是真相，这个真相包括了人内心的真相，那是对自己的诚实。我不能说谎。

顾铮评述：

索德克的这张作品之所以受到热烈的欢迎，与照片深深触及的生命主题有着重要关系。这张照片所述说的其实就是有关生命的传承与延续这一人类的根本命题。这种传承与延续中同时也包孕着矛盾，而这种矛盾也是生命发展所需。

从视觉上看，男子强有力的左臂膀与婴儿弱小的身躯构成了穿越画面的两条主要交叉线，男子托住婴儿臀部的右手也把视线引向婴儿头部。婴儿的右手与男子的右手在方向上一致，但又有强弱之别。而男子的双手、婴儿的身体，以及男子的牛仔裤的水平线条，这三者又构成了画面中心部位的三角形，营造出一种紧张中的稳定感。

索德克裁去照片中男子的头部之后，既使得画面更为饱满紧凑，也使其具有了一种普遍性。父子之间的关系因为这种非特定性而更具一种普遍的意义。

不过这张构图大胆的照片，最初在摄影家的祖国并不受人重视。在拍摄了这张照片两年后，当索德克把这张照片寄到一家摄影刊物时，"对方却生气地把它扔掉了，说它是'多么可悲的垃圾'！"索德克说："我知道人们还有其他的质疑。为什么这个男人的头被裁掉了？你脑子里究竟在想什么？为什么穿那可怕的牛仔裤？究竟它意味着什么？我不知道……"他还说："但很多生过孩子的女人都知道，反正男人都是没有头脑的傻瓜，所以干嘛要放一个头呢？"[2]

从手法上看，这张作品善用对比。强壮的男子与弱小的婴儿，宽大的前胸成为弱小婴儿的依靠，男人抓紧婴儿的双手与婴儿松弛的肢体，这一系列的视觉素材组合在一起所形成的强烈对比，令画面具有一种特别的感染力。这种因视觉对比引发的感染力，以人际关系中保护与被保护这对关系体现出来，令所有的观众都有机会将自身置入到这个情境中去设身处地地思考自己的生命与责任。而且，这里面其实还隐藏了未来的转化。人们或许会由此联想到，画面中的强弱对比会转化，并且这种转化是必然的。如今强壮的父亲会衰老，而现在弱小的儿子会强壮起来。在这幅画面中，作为一种新生元素的婴儿，占据了画

---

2 《Lens杂志》，2013年8月号，第125页。

面的主体部位。虽然他现在显得弱小，但并不意味着他永远弱小。他的生命处于蓬勃的发展中，他因此拥有更多的未来。

这种强弱对比的手法，被索德克反复地运用于各种作品中，有时甚至成为了一种套路。但是，由于摄影家的处理手法精湛之极，它仍然使这幅照片具有一种不可抗拒的魅力。

在拍摄这张照片之后，索德克还拍摄了一系列表现父亲与孩子关系的照片。在一张照片里，他仍然以局部管窥的手法，只拍摄了父亲与孩子的四条腿。以父亲的两条粗壮的毛茸茸的腿为后盾，看上去似乎还有点站不稳的孩子向上提起了稚嫩的右腿，迈出了人生的第一步。从构图看，父亲垂直的双腿（稳定）与孩子倾斜的双腿（不稳定）又形成了一种视觉上的对比。

而在另外一张照片里，光着双脚、身穿T恤衫与牛仔裤的父亲（索德克自身），牵着身穿背带裤、同样也光着双脚的儿子，向着地平线深处走去。这张照片以仰视角度拍摄，画面留出大片天空，父子情深。未来的命运如何，令人遐想。

这张照片也让人联想起美国摄影家尤金·史密斯的名作《走向天堂的乐园》。不过，在史密斯的画面中是两个孩子，而索德克的画面中则是父子两人。在尤金·史密斯的作品中，我们更能够感受到一种乐观。两个不设防的小孩，全无顾虑地走向了乐园深处，史密斯将没有人间烦恼的“天堂”般的乐园形象与儿童形象重叠在一起，在强调了一种脱离尘世的乐观主义精神的同时，也再次固化儿童是“无垢”的想象。而在索德克的照片里，儿童所面对的世界显然更现实化，并非如史密斯照片中的那般明快单纯。也因此，小男孩是由强悍的父亲牵手走上了在面他面前展开的道路。在这里，作为保护者与指引者的父亲形象，与需要保护与指引的弱小孩童形象一同出现。

从这样的心理出发，索德克的另外一些有关儿童的照片，理所当然地设定了一种儿童成长的剧情。在小男孩的成长过程中，并非一直充满喜悦。虽然并非是惊涛骇浪，但人生旅途中风险犹在，悲欢共存。孩子既有欢乐的时刻，也有悲伤的时刻。在一幅照片中，儿子光滑的脸上挂着一滴未干的泪珠，脸上满是胡须的父亲正努嘴亲吻他的脸颊。也许小男孩遇到了什么不公或伤心事，需要父亲的安慰。索德克以饱满的正方形构图，只截取了自己的部分侧面与男孩的半个正面，强烈展示了父子之间的深情。"怜子如何不丈夫"，鲁迅的这句诗，不期然地在索德克的摄影里获得了具体的呈现。

终于，孩子自己能够走路了。应该说，获得行动能力意味着在他面前有新的天地要展开。但是，新的天地并非就是大路朝阳。他也许还会面临意外的处境，比如，被抛弃的命运。一条被无数车轮碾压过的空旷的大路在他面前展开。路边的几辆车子，随时都有开上大路的态势，给整个画面带来了一种不安全感。天空乱云飞渡。一两幢房子以黑压压的剪影耸立在远处。小男孩提着一只与他的身材不相称的大提包，走向莫测的未来。"到了所有人回家的时候"，在一本展览图录里，在这张照片下面，索德克这么写道。但是，可以接纳这个孤独的小男孩的家、温馨的家在哪里呢？

索德克喜欢讲故事。他是一个善于将一张照片发展成一个具有完整叙事可能性的系列照片的摄影家。这里提到的几张照片，可以再次证明这一点。这些照片，展现的是一个男孩的成长的过程，但索德克没有以浪漫的方式展开故事，而以一种交织着甜蜜与苦涩的人生历险记的方式加以展开。

把索德克所说的这"一生中的五张好照片"联系起来看，我们可以发现，其实索德克始终在讨论生死的问题。在他的儿童时代，死亡的魔爪曾近在眼前。这种创伤性记忆与独特的人生经历塑造了他的个性，也深刻地影响了他的艺术观。生死大问时刻纠缠着他，他时时刻刻都在以摄影来思考、回答这个大问题。

可以说，《父与子》是有关生命的开始，也触及到了父子之间的血肉联系。《父亲在墓地》则展现了人必须面对死亡的无情。墓地，作为生命的最终归宿，为每个人都准备好了。《我爱过的姑娘》则展现了人的身体的遗憾，以及摄影家的艺术处理。这样的处理，在令人觉悟到美好与遗憾往往相伴而生的同时，也展现了摄影家对于美的深层思考。《犹太人墓地》则最终提问：什么是永恒？他通过照片向我们发问：在生命与时间的竞争中，谁是最终的胜者？《狗》呢？这是生命的另外一种形态，它的眼睛其实不也正是一种来自人之外的对于生命的终极发问吗？

参考书目

捷克共和国驻华大使馆艺馆：《黑咖啡中的甘露：简·索德克／刘铮》，北京，2013年。
SEE+画廊：《简·索德克》，北京，2013年。
米罗斯拉夫·安布罗斯等编：《纪夫乐——弗拉迪米尔·齐德里茨基》，环铁时代美术馆，2012年。
《东欧魅影之捷克当代摄影联展》，SEE+画廊，北京，2012年。
阮义忠：《当代摄影新锐——17位影像新生代》，中国摄影出版社，1990年。
顾铮：《世界人体摄影史》，上海文艺出版社，2001年。
渠岩：《精神在别处——布拉格艺术之旅》，生活·读书·新知三联书店，2005
郭翠萍：《捷克斯洛伐克的改革岁月》，中国社会出版社，2013，北京
刘远摄，王小平文：《记忆与表达》，香港文化中国出版有限公司，2013年。
林达编著：《像自由一样美丽——犹太人集中营遗存的儿童画作》，生活·读书·新知三联书店，2007年。
安德烈·布勒东：《超现实主义宣言》，袁俊生译，重庆大学出版社，2010年。
张杰编选：《巴赫金集》，上海远东出版社，1998年。
卢博米尔·什特劳加尔：《回忆与思考——卢博米尔·什特劳加尔回忆录（捷克1970—1988政府总理）》，郦明译，中央编译出版社，2012年。
海达·科瓦莉：《寒星下的布拉格1941—1968》，张芸译，花城出版社，2014年。
雅罗斯拉夫·赛弗尔特：《世界美如斯》，杨乐云、杨学新、陈韫宁译，中国青年出版社，2006年。
威廉·M·马奥尼：《捷克和斯洛伐克史》，陈静译，中国出版集团东方出版中心，2013年。
米兰·昆德拉：《不能承受的生命之轻》，许钧译，上海译文出版社，2014
米兰·昆德拉：《生活在别处》，袁筱一译，上海译文出版社，2011年。
塔里克·阿里、苏珊·沃特金斯：《1968年：反叛的年代》，范昌龙等译，山东画报出版社，2003年。
让－克劳德·卡利耶尔：《乌托邦的年代——1968—1969纽约－巴黎－布拉格－纽约》，戎容译，商务印书馆，2010年。
刘天白：《我在金色的布拉格》，中国青年出版社，2008年。
韩葵、徐晖：《布拉格 布拉格》，世界知识出版社，2012年。
鲍昌、邱文治：《鲁迅年谱1881—1936》，天津人民出版社，1979年。
金雁：《从“东欧”到“新欧洲”——20年转轨再回首》，北京大学出版社，2011年。
蒋承俊：《捷克文学史》，上海外语教育出版社，2006年。

Daniela Mrázková, *Saudek*, Taschen, Koln, 2006.
Josef Moucha, *Josef Sudek: Privatissima*, PPF Art, Prague, 2008.
Anna Fárová, *Frntisek Drtikol: art-Deco Photographer*, Schirmer Art Books, Munich, 1993.
Annette&Rudolf Kicken, *Drtikol: photographs*, Kicken Berlin, 2012.
Josef Moucha, Alfons Mucha, *Fototorst*, Prague, Second, enlarged edition, 2005.
Vladimír Soukup etc., *Prague*, Dorling Kindersley, London, 2014.
Václav Havel, *Disturbing the Peace:A Conversation with Karel Hvizdala*, Vintage Books, New York,1990.
Jan Saudek, *Love As A Four-Letter Word*, Bb Art Publishing, Praha, Czech, 1998.
Daniela Mrázková,ed., *What is Photography:150 Years of Photography*, Praha 1989, Credit Praha,Ltd.,1989.
Josef Moucha(ed.), *The Photogeny of Identity:The Memory of Czech Photography*, Kant and Prague House of Photography, Prague, 2006.
Vladimír Birgus and Jan Mičoch, *Czech Photography of the 20th Century*, Kant, Prague, 2010.
Vladimír Birgus,*The Intimate Circle in Contemporary Czech Photography*, Kant, Prague, 2013.
Vladimír Birgus, *Czech Photographic Avant-garde:1918—1948*, The MIT Press, Cambridge, Massachusetts, London, England, 2002.
Robin Lenman,eds., *The Oxford Companion to the Photograph*, Oxford University Press, Oxford, New York, 2005.
Alyce Mahon, *Eroticism &Art*, Oxford University Press, Oxford, New York, 2005.
Czech Modernism:1900—1945, The Museum of Fine Arts, Houston, 1989.
Matthew S. Witkovsky, *Foto: Modernity in Central Europe, 1918—1945*, National Gallery of Art, Washington/Thames & Hudson, 2007.
Filip Blažek,eds., *Posters of the Velvet Revolution:the Story of the Posters of November and December 1989*, Nakladatelství Xyz, Praha, 2009.

加藤周一，《言叶と战车》，筑摩书房，东京，1969 年。
ペン编集部（编），《ロシア・东欧・デザイ》

图书在版编目（CIP）数据

生命剧场：扬·索德克的世界 / 顾铮著. -- 北京：中国民族摄影艺术出版社，2015.7
ISBN 978-7-5122-0718-9

Ⅰ. ①生… Ⅱ. ①顾… Ⅲ. ①索德克，J. －访问记 Ⅳ. ① K835.245.72

中国版本图书馆 CIP 数据核字 (2015) 第 143801 号

主　　编：法 满
项目总监：王 雪
特约编辑：刘 洋

生命剧场：扬·索德克的世界

作　　者：顾 铮
出 品 人：殷德俭
责任编辑：董 良　连 莲
装帧设计：邢 歆
装帧制作：出版结合部 artisan-puwen@qq.com
出　　版：中国民族摄影艺术出版社
地　　址：北京东城区和平里北街 14 号（100013）
发　　行：010-64211754　84250639
网　　址：http://www.chinamzsy.com
印　　刷：北京图文天地制版印刷有限公司
开　　本：32k　890mm × 1230mm
印　　张：5.75
字　　数：163 千
版　　次：2015 年 8 月第 1 版第 1 次印刷
书　　号：ISBN 978-7-5122-0718-9
定　　价：49.00 元